Inhaltsverzeichnis

Der ETF

Der börsengehandelte Investmentfonds

von

Manuela Hasselstein-Röder

Haftungsausschluss
Die Ratschläge in diesem Buch sind sorgfältig erwogen und geprüft. Dieses Buch dient nicht als Therapieersatz oder einen kompetenten medizinischen Rat. Alle Angaben in diesem Buch erfolgen daher ohne jegliche Gewährleistung und Garantie seitens des Autors.
Eine Haftung des Autors und seiner Beauftragten für Personen-, Sach- und Vermögensschäden ist ausgeschlossen.

Impressum: Manuela Hasselstein-Röder wird vertreten durch
Marc Netzer, Ulmenstr. 16, 41363 Jüchen

Einleitung

1.Was ist ein ETF und ist diese Art der Geldanlage für jeden Bürger geeignet?

Schön, dass auch Sie in einer Welt ohne Zinsen nach Alternativen suchen, damit Sie Ihr Geld vermehren können. Ist der ETF dafür geeignet und klingt es nicht alles etwas kompliziert, was rund mit dem Depot, mit Aktien oder mit den Fonds zusammenhängt?

Ich lade Sie ein dazu, mit mir durch dieses Buch zu schreiten. Mein Ziel ist es, dass Sie in einfachen Worten verstehen können, was es genau mit dem ETF auf sich hat und ob sich dieses Investment auch für Sie lohnt. In sehr einfache dargelegten Worten erkläre ich Ihnen als gelernte Bankkauffrau, warum sich ETF´s für Sie rentieren können – mehr als das! Was ist beim Handel rund um diesen besonderen Fonds zu beachten? Ich erkläre Ihnen objektiv die Chancen, aber auch die Risiken, die mit diesem besonderen Produkt verbunden werden sollten.

Was ist er überhaupt – der ETF und sollten Sie jetzt noch in den Handel einsteigen?

Wenn es um die Geldanlage geht, nimmt der börsennotierte Investmentfonds einen immer größer werdenden Stellenwert ein. Doch – was ist der ETF überhaupt und warum ersetzt er für viele Anleger mittlerweile den manchmal etwas kostspieligen Investmentfonds?

Der börsengehandelte Fonds, kurz ETF, stammt aus dem Englischen und beinhaltet in seiner Kurzbezeichnung ETF das Wort exchange traded fund. Dies heißt nichts anderes, als dass dieser Fonds an der Börse gehandelt wird, allem voran an der Computerbörse Xetra. Im Gegensatz zu Investsmentfonds, die eine Investmentgesellschaft wie die Adig, die DWS, die Union oder die DekaBank herausgibt, kann jeder Investor oder Anleger den ETF also nicht über eine fremde Gesellschaft kaufen, sondern über die Börse. So kennen es viele Anleger auch von Aktien, Rentenpapieren oder anderen börsennotierten Produkten, die zu den üblichen Handeslzeiten an den jeweiligen Börsen gekauft oder verkauft werden können. Die meisten börsengehandelten Fonds sind als passiv verwaltete Indexfonds bekannt. Was heißt das genau?

Den Investmentfonds, den Sie als Anleger über die Investmentgesellschaft oder die Bank kaufen können, ist ein bestimmter Korb von Werten hinerlegt. Dieser Fonds ist aber, im Gegensatz zum ETF, aktiv gemanagt und kostet Sie keine geringen Gebühren. Wenn Sie sich zum Beispiel in den Index DAX (Deutscher Aktien Index) einkaufen möchten, dann kauft der Fondsmanager der Investmentgesellschaft in den Korb nur DAX-Werte ein, die er in unterschiedlicher Gewichtung auswählen kann. Je nach Lage und Situation rund um die Finanzen wird hier einem Fondsmanager freie Hand bei der Auswahl der DAX-Werte gelassen, an denen Sie sich als Kunde beteiligen können. Der Fondsmanager kassiert hierbei ein Gehalt und Sie als Kunde besitzen kein Mitspracherecht, welche Werte in den Fonds gekauft werden.

Der ETF funktioniert anders – hier müssen Sie keinen Manager für seine Arbeit bezahlen.

Bei einem börsennotierten Fonds, der sich ebenso am DAX orientiert, steht jedoch kein Fondsmanager dahinter. Alle Kosten für das Personal eines Bankers der Investmentgesellschaft werden somit eingespart. Der Kunde profitiert davon, indem der ETF meist billiger in den Gebühren für den Kunden ist als der Investmentfonds einer Fondgesellschaft.

Somit steht fest, dass sich ein ETF genau im Verhältnis 1 : 1 an der Benchmark (Vergleichsgröße), also in diesem Beispiel am DAX, orientiert. Steigt der DAX genau um 5 %, wird sich auch der ETF um genau diese Prozentzahl bewegen. Durch die Arbeit eines Fondsmanagers hingegen ist im Gegensatz der Investmentfonds nicht ganz genau, also 1 : 1, an diesen 5 % zu messen. Warum? Da der Fondsmanger freie Hand dabei hat, welche Werte, die im DAX enthalten sind, er in das Portfolio übernehmen will, kann die Redite vom hinterlegten Vergleichsindex etwas abweichen. Wenn man nun bedenkt, das viele Fondsmanager noch zusätzlich den

Kunden Geld kosten, die in Form von verdeckten oder offenen Gebühren zu entrichten sind, ist das Geschäft von Investmentfonds nicht für jeden Anleger immer sehr leicht durchschaubar. Der ETF hingegen bietet sehr klare Transparenz, da hier kein Fondsmanager eingesetzt und bezahlt werden muss. Genau dies ist mit ein Grund, warum sich der börsennotierte Fonds immer stärker beim Anleger als Trader und Investor durchsetzt. Gerade die kurzfristig denkenden Trader partizipieren von diesem börsengehandelten Fonds, wenn sie damit schnell Geld verdienen wollen.

Doch an dieser Stelle will ich Ihnen nicht zuviel verraten, was ein ETF ist und warum sich dieses Investment lohnt. Wussten Sie, welcher geschichtliche Hintergrund sich im Thema des ETF`s spiegelt? Ich verrate es Ihnen in der Einleitung dieses Buches schon jetzt:

Der geschichtliche Backround von ETF´s

Wie Investmentfonds, die über Fondsgesellschaften emittiert, also herausgegeben werden, unterliegen ETF´s dem Sondervermögen. Was heißt das genau? Unabhängig von einer Bonität einer Bank oder eines Emitteten kann jeder Kunde immer, wenn er seinen Wert verkaufen will, die Rückzahlung der angelegten Summe verlangen. Das Sondervermögen ist sozusagen ein Schutz für den Anleger, der sich nicht von der Zahlungsbereitschaft von Banken und Co abhängig machen will. Wie lange gibt es ihn nun schon, der börsengehandelten Fonds?

Ursprünglich waren die sogenannten Indexfonds die einzigen an den Börsen der Welt notierten Fonds. Keine Überraschung also, dass beide Bezeichnungen (der aktiv und passiv gemanagte Fonds) als Synonyme galten. Mittlerweile jedoch werden auch viele aktiv verwaltete Fonds, die von Fondsgesellschaften herausgegeben werden und den Kunden oft hohe Gebürhen kosten, an Börsen gehandelt. Die Idee, Fonds an der Börse handeln zu dürfen und damit Indizes nachzubilden ist alles andere als neu. Der Gedanke mit Fonds an der Börse aktiven Handel zu betreiben kam um 1970 in den USA. Die ersten Fonds wurden von Standart & Poor´s Despositary Receipt (Abkürzung SPDR, umgangssprachlich Spider genannt) auf den Markt gebracht. Hier stand vor nunmehr fast 50 Jahren die Vermögensverwaltng State Street Global Advisors hinter der Kapitalisierung von den damals neuen Produkten, den ETF´s. Dies war nach Marktkapitalisierung mit 90 Milliarden US-Dollar der größte ETF, von dem noch heute gerne gesprochen wird. Die Idee entstand als neue Innovation, sich an verschiedenen Warenkörben und diversen Klassen von Anlagen beteiligen zu dürfen.

Nochmal im Klartext für den Einsteiger in Sachen Fonds:

Was ist der Unterschied zwischen einem Fonds und einem ETF?

Ich will es in der Einleitung in diesem Buch schon jetzt nochmals klar darstellen: Ein ETF ist ebenso ein Wertpapier wie ein Investmentfonds. Doch – worin besteht denn dann der gravierende Unterschied den, das Vorreiter Land, die USA, schon lange kennt?

Der ETF entwickelt sich nicht aufgrund einer Basis eigener Meinungen, wie das beim Investmentfonds einer Gesellschaft (mit Fondsmanager) der Fall ist. Die Entwicklung eines ETF`s bildet ganz genau, also 1 : 1, die Wertentwicklung einer vorab definierten Benchmark nach. Hier werden verschiedene Finanzindizes als Grundlage verwendet. Somit können Sie sich an der Entwicklung von Dow Jones, am US $, am DAX oder in Form des Auf und Abs des Goldpreises über einen ETF einkaufen. Sie sehen also: Sie müssen keinen Goldbarren ins Depot legen, wenn Sie am Preis dieses Edelmetalles partizpieren möchten.

Doch ich will Ihnen nicht jetzt schon jedes Detail über diese spannende Geldanlage verraten. Eine Grundlage ist allemal wichtig: Jeder, der mit Wertpapieren handelt, sollte stets wissen, dass die Werte schwanken können. Das ist bei Aktien, Fonds, Edelmetallen und vielen anderen Sachwerten immer ähnlich zu beurteilen.

In diesem Buch will ich Ihnen auf einfache Art und Weise das manchmal undurchsichtige Thema rund um die Finanzen in leicht verständlicher Sprache vermitteln. Ich bin mir sicher, dass Sie als Einsteiger an der Börse auch mit ETF´s gutes Geld verdienen können – auch, wenn Sie sich selbst nicht als großer Experte der Finanzen bezeichnen würden.

Lassen also auch Sie sich verzaubern von den Wertpapiere....Ich lade Sie ein, Kapitel für Kapitel in leicht verständlicher Sprache die komplexe Welt rund um den börsennotierten Fond besser zu verstehen. Sind Sie schon neugierig auf viele neue, spannende Erkenntnisse rund um die Geldanlage?

2. So bauen Sie mit Hilfe vom ETF langfristig Vermögen auf

Der ETF ist eine mehr als sinnvolle Möglichkeit, wie Sie langsam und mit System Ihr Vermögen aufbauen können. Sie wissen nun, dass es sich beim ETF um einen börsennotierten Investmentfonds handelt. Was jedoch können Sie mit diesem Fonds alles an Werten kaufen und würde es vielleicht mehr Sinn machen, für den Vermögensaufbau direkt in Einzelaktien sein Geld anzulegen?

Ein ETF kauft sich immer einen Korb an Waren ein. Ich erkläre Ihnen das anhand eines sehr einfachen Beispieles, damit Sie wissen, wie ETF´s investieren. Sie möchten sich in den Aktienhandel einkaufen, weil Sie wissen, dass Sie hier an Unternehmen wie Siemens, EON, Deutsche Telekom, Apple, Nestle, Microsoft und vielen anderen Konzernen mehr beteiligt sind. Ihnen ist klar, dass diese Unternehmen Zukunft haben und gute Dividenden an ihre Aktionäre ausschütten. Mit diesen Vorteilen denken Sie sich innerlich: „Ich kann das niedrige Zinsniveau aushebeln und in einer Welt ohne Zinsen dennoch gute Erträge einnehmen!“

Sie haben mit dieser Annahme recht. Genau aus diesem Grunde kaufen zur Zeit viele Menschen Aktien und wissen: Für den langfristig orientierten Vermögensaufbau ist das eine mehr als gute Alternative!

Allerdings wissen viele Anleger nicht so recht, welche Aktien Sie sich in ihr Depot legen möchten. Außerdem ist es Ihnen persönlich als Interessierter nicht möglich, große Summen zu investieren und Sie möchten nicht immer wieder aktuelle Nachrichten verfolgen müssen, damit Sie wissen, welche Aktie gerade steigt und von welchem Wert vom Kauf eher abgeraten wird.

Mit dem börsennotierten Fonds gelingt es vielen Anleger sehr leicht, auch nur mit 50 Euro pro Monat sich in den Aktienhandel einzukaufen. Sie erwerben mit einem ETF nicht nur einen Wert wie Deutsche Bank, BMW, Daimler und Co, sondern orientieren sich an einem ganzen Korb verschiedener Titel. Zum Beispiel wäre es für den Einsteiger eine mehr als gute Option, wenn er sich als Benchmark bzw. als hinterlegte Größe im Vergleich den DAX aussucht. Was man kennt, das kauft man auch. Sicherlich sind auch Ihnen Firmen wie SAP, Deutsche Telekom, BASF, BMW und Daimler bekannt. Vielleicht nutzen Sie gar persönlich die ein oder andere Firma im täglichen Alltag. Ich gehe noch weiter: Ohne Konzerne in Form von AG´s wäre kaum ein Leben möglich. Wir rasieren und mit dem Braun-Rasierer, benutzen die Jura-Kaffeemaschine, fahren mit dem Audi zur Arbeit und bedienen uns im Büro am Dell-Computer. Mittags kaufen wir bei Mc Donald`s die Coca Cola und lutschen am Nachmittag das Schmerzmittel von Bayer. Merken Sie etwas? Täglich nutzen Sie Unternehmen und lassen es zu, dass diese Konzerne Gewinne erzielen. Möchten auch Sie von diesen Gewinnen vom Kuchen eine kleine Scheibe abschneiden? Dann kaufen Sie ETF`s! Kaufen Sie Aktien!

So können Sie zum Beispiel bei der Bank im Netz oder in der Filiale ein Depot eröffnen und sich monatlich mit einem ETF in den DAX einkaufen. Sie müssen also keine große Summen investieren, um am Markt an der Börse mit dabei zu sein.

Die hinterlegte Größe, die ich in diesem einfachen Beispiel im DAX ausdrücke, dürfen Sie hierbei im Vorfeld sehr beliebig auswählen. Es geht dabei auch um Märkte wie die Entwicklung von Edelmetallen wie Gold, Silber oder Platin oder um Börsen im In- und im Ausland. Im Vorfeld entscheiden Sie sich, welcher Markt Sie interessiert und Sie gehen beim Kauf an der Börse in Form eines EFT´s natürlich davon aus, dass dieser Wert auch steigen wird.

ETF´s bringen also einen ganz entscheidenden Vorteil mit sich: Sie müssen sich nicht für einen einzigen Wert entscheiden, den Sie sich in Ihr Depot legen, sondern kaufen sich auch mit kleinen Summen in eine Korb von Titeln ein. Die Streuung im Vermögen ist hierbei automatisch gegeben, was oftmals für einen guten Ausgleich beim Thema Risiko sorgt. Wie heißt es so schön? Wer gut streut, rutscht nicht aus!

Ein einfaches Beispiel, damit Sie wissen, dass es automatisch Risiko aus Ihrer Anlage nimmt, wenn Sie sich von Anfang an um die Streuung Ihres Vermögensaufbaus kümmern: Stellen Sie sich bitte vor, Sie kaufen 10 Eier ein. Diese Eier legen Sie lose alle in einen Korb. Der Korb fällt zu Boden, alle Eier zerbrechen und Sie können diese nur noch eines: im Müll entsorgen. Wenn Sie die Eier jedoch von Anfang an in verschiedene Körbe aufteilen und ein Korb fällt zu Boden, dann geht nur ein einziges Ei zu Bruch. Deshalb ist auch ein ETF eine Investition, in der Sie die Eier niemals alle in einen einzelnen Korb gelegt wissen. Wenn Sie jedoch einen Wert wie Novartis oder VW als Einzeltitel in Ihr Depot legen und das Unternehmen meldet Insolvenz an, können Sie mit Ihrem Vermögen baden gehen.

Natürlich ist dies hier in meinem Ratgeber sehr vereinfacht dargestellt, um was es bei der Investition in Form von ETF´s geht. Dennoch ist es mir, gerade in der Einleitung dieses Buches, ein ehrliches und großes Bedürfnis, dass Sie wissen, worum es beim börsennotierten Investmentfonds überhaupt geht.

Eignet sich der Kauf von einem ETF nur für das monatliche Sparen?

Nein – diese Frage kann ich Ihnen sofort schon jetzt in den ersten Worten dieses Buches beantworten. Sie können einen ETF in großen Einmal-Anlagen ebenso kaufen wie Sie diese Form der Anlage zum monatlichen Sparen nutzen dürfen. Große Summen als Einmal-Anlage müssen allerdings nicht sein. Doch dazu später mehr.

Ein Fall aus der täglichen Praxis:

Investoren kaufen sich verschiedene Sachwerte in Summen von 5.000 Euro oder ein Vielfaches ein. Auch Ihnen sind keinerlei Grenzen gesetzt, wie viel Geld Sie an der Börse anlegen, ob Sie monatlich sparen möchten oder wann Sie die Werte wieder verkaufen möchten.

Das ist auch ein großer Vorteil, wenn Sie als Investor für den langfristigen Vermögensaufbau in Form von ETF´s sorgen, damit Sie mit dieser Geldanlage das niedrige Zinsniveau aushebeln können. Sie sind absolut flexibel, können ohne eine Kündigungsfrist verkaufen oder beliebig nachkaufen. Allerdings sollte der Investor und Anleger immer wissen: Ganz ohne Risiko ist eine Anlage in Form des börsennotierten Fonds in keinem Falle möglich. Doch auf diesen Aspekt gehe ich noch näher im Laufe meiner Lektüre ein.

Auch worin der Unterschied zwischen einem Trader und dem Investor besteht, erfahren Sie in Kürze in der Einleitung in diesem Buch.

Wie denken Sie persönlich jetzt über die Anlageform des börsennotierten Fonds? Fakt ist, dass diese Art der besonderen Anlage einen immer größer werdenden Stellenwert in der Bevölkerung einnimmt. Viele Bürger geben sich längst nicht mehr mit den niedrigen Zinsen, die schon lange Zeit am Markt vorherrschen, zufrieden. Die Bürger, die heute noch sparen, möchten ihr Geld vermehren und nicht schrumpfen sehen.

Der ETF ist hierbei eine gute Grundlage, damit Sie wissen: Geldanlagen bringen gute Renditen, wenn Sie auf Sachwerte bauen! Legen Sie Ihr Geld in solide Substanz an – das hat Zukunft. Diese Option nutzen immer mehr Bürger, nicht nur in Deutschland, sondern auf der ganzen Welt.

Die Tatsache, dass Sie sich dieses Buch gerade anhören bzw. es sich persönlich durchlesen, spricht eine eigene Sprache: Sie möchten endlich der Nullzinspolitik entfliehen und Ihr Vermögen wachsen sehen. Deshalb ist es ein guter Schritt, sich in diesem besonderen Ratgeber alles Wissen rund um den ETF genau zu Gemüte zu führen.

ETF´s sind mehr als eine innovative Geldanlage, die gerade als moderner Hype der Zeit gilt. Schon viele Jahre erobern in den USA die börsennotierten Fonds die Herzen vieler Anleger. Sie wissen sicherlich, dass die USA unserer Zeit oftmals ein wenig voraus ist.

Möchten auch Sie nicht darauf warten, bis der letzte Anleger auch in Deutschland weiß, dass der börsennotierte Fonds zum Vermögensaufbau dient, an dem Sie Freude erleben werden? Dann informieren Sie sich Schritt für Schritt in diesem Buch über dieses wichtige Thema. Sie werden es nicht bereuen...

3. Welche Arten von EFT´s gibt es und was sollten Sie beachten, bevor Sie investieren?

Glückwunsch! Sie wissen jetzt bereits wie das Grundprinzip eines ETF´s funktioniert und wie Sie damit Ihr Vermögen strukturiert anlegen können. Allerdings ist das Wirr-Warr der verschiedenen ETF´s, die Sie kaufen und verkaufen können, kaum für einen Neuling, der am Wertpapiermarkt agiert, zu überblicken.

Auch ich kann Ihnen hier nicht alle ETF´s aufzeigen, die es im Netz zu finden gibt. Auf guten Seiten wie Finanznet, Onvista oder diversen Vergleichen von Depots von Testseiten können Sie sich genau informieren, welche börsennotierten Fonds es derzeit am Markt zu finden gibt. Sie können sich hierbei an Rohstoffindizes ebenso beteiligen wie an der Möglichkeit, sich in bestimmte Börsen oder in fremde Währungen einzukaufen. Ich stelle Ihnen jetzt in dieser Übersicht nochmals genau zusammen, welche Möglichkeiten und Chancen sich daraus ergeben, wenn Sie auf ETF´s verschiedener Anlageklassen bauen.

Allerdings ist dies nur eine grobe Übersicht, denn die Weltkugel dreht sich. Gerade, wenn Sie an den Indexfonds denken ist kein Tag, kein Monat und kein Jahr wie der und das andere. Es gibt permanent neue Produkte, die immer wieder viele Börsianer interessieren. Es ist, wie beim Auf und Ab an der Börse: Wenn es um Wirtschaft und Finanzen geht nimmt die Anzahl der Produkte zu, die Zinsen verändern sich und auch die Gewinne diverser Unternehmer sehen in jedem Jahr anders aus. Doch zu den Chancen und Risiken der Fonds – später mehr.

Jetzt für Sie im Überblick eine Auswahl von ein paar Optionen, an welche Orientierungsgröße sich ein ETF richtet und wie Sie ihr Geld hierbei nachhaltig anlegen können:

Mit den Exchange Traded Funds können Sie langfristig mit Aktien in verschiedenen Körben Ihr Vermögen aufbauen. Das ist die gängigste Art der Geldanlage, wenn Sie an Dividenden, Kursgewinnen und den Chancen der Wirtschaft teilhaben möchten - und zwar einfach und günstig.

ETF´s bilden meist Aktienlisten nach. Diese werden in den sogenannte Indizes wie den DAX, S&P 500 oder dem Weltaktienindex MSCI World nachgebildet. Mit einem ETF erzielen Sie genau so viel Rendite wie die breite Masse der Aktieninvestoren. Ein Index wie der Dow Jones, der CAC 40 oder der Nikkei 225 gilt somit als Benchmark, an der sich der ETF in seiner Wertentwicklung orientiert. Sie entscheiden, an welcher Börsen Sie sich beteiligen möchten und die Grundlage ist der hinterlegte Warenkorb, der im Index ausgedrückt wird. Dieser Vergleichsindex gilt als Benchmark, die genau 1 : 1 in der Rendite im Fonds gespiegelt wird.

Physische ETFs enthalten echte Aktien, doch diese Art des Indexfonds ist kaum mehr am Markt vertreten. Meist finden wird den synthetischen ETF vor, der im Verhältnis von 1 : 1 genau das widerspiegelt, was der Index im Vergleich vorgibt. Sie dürfen sich als Anleger gern von einer Bank die Index-Wertentwicklung zeigen lassen und sich dabei rund um die Geldanlage informieren. In diversen Portalen im Netz ist dies sehr einfach möglich – für jeden Anleger, der sich für den börsennotierten Fonds interessiert.

Wer gibt die ETF´s heraus, das heißt, wer emittiert diese Art von Fonds? Die großen Anbieter von ETFs heißen iShares, Xtrackers und Lyxor. ETFs dieser Anbieter können Sie bequem im Internet über ein Online-Depot kaufen.

Wie sicher sind diese börsennotierte Indexfonds? ETF`s sind genauso sicher wie aktiv verwaltete Fonds, sie unterliegen dem Sondervermögen. Was heißt das genau? Ihr Geld, das Sie in ETFs investiert haben, ist somit geschützt. Durch den Status des Sondervermögens sind Sie somit vor Krisen und Pleiten des ETF-Anbieters vollkommen losgelöst. Denken Sie an die Pleite der Lehman-Bank zur Finanzmarktkrise in den USA. Würde diese Bank einen ETF herausgegeben haben, wäre diese Insolvenz Ihnen als Anleger vollkommen egal.

Seit dem Jahre 2018 muss die Steuer Ihnen bei den börsennotierten Fonds keine Sorgen mehr bereiten: ETF´s werden nach derselben Logik besteuert wie aktiv gemanagte und verwaltete Fonds. Hierbei gilt, dass die Steuer die Depotbank für Sie ganz automatisch abführt. Klingt das nicht einfach?

Sie können einen ETF auch über Ihre Bankfiliale kaufen. Allerdings möchten die meisten Banken ihre Investmentfonds verkaufen, mit denen sie mehr Geld verdienen, als den ETF in Ihr Depot zu buchen. Sie bezahlen beim ETF schließlich nur die Börsenspesen, an denen die Bank mitverdient. Deshalb wird Sie als Anleger vermutlich jeder Banker davon überzeugen wollen, seine aktiv gemanagten Fonds zu kaufen. Investmentgesellschaften von der DWS, Union oder der Deka leben davon, dass Banken und Sparkassen ihre Fonds mit großem Engagement verkaufen. Diese wichtige Ertragsquelle will sich gerade in der Zeit der niedrigen Zinsen keine Bank entgehen lassen. Also: Clevere Anleger kaufen ihre ETF´s gerne selbst über ein Depot im Internet. Dazu brauchen Sie keinen Berater – sie handeln selbst so, wie Sie es für richtig erachten.

Wenn Sie sich in Körbe von Werten einkaufen möchten, brauchen Sie keinen Fondsmanager, den Sie über Gebühren teuer bezahlen müssen. Mit soliden ETF´s können Sie an der Wertentwicklung des DAX oder anderen populären Aktienindizes genau so teilhaben. wie Sie sich im Vorfeld dazu entscheiden. Wie erwähnt ist der Vergleichsindex zum Beispiel im S&P 500, FTSE, CAC 40, Nikkei 225, MSCI World oder im klassischen Eurostoxx 50 zu finden. Sie haben Teil an den Werten dieses hinterlegten Korbes, für den Sie sich im Vorfeld entscheiden. Des Weiteren gibt es zahlreiche ETF´s, die auch den festverzinslichen Markt oder den Goldpreis widerspiegeln. Hier wird als Benchmark der Anleihen- oder Rohstoffindex abgebildet. Gerade diese Möglichkeit eignet sich für den Investor, der Gold und Silber in sein Depot legen will, aber keinen Goldbarren aufgrund der hohen An- und Verkaufsspesen bevorzugt.

Nun wissen Sie im großen Überblick, welche Möglichkeiten sich für Sie ergeben, wenn Sie das Geld in den börsennotierten Fonds anlegen. Der synthetische Fonds ist das Produkt, das immer stärker die Herzen der Anleger erobert. Schritt für Schritt lernen Sie nun kennen, welche Risiken und Chancen Sie sich mit sich tragen, wenn sie sich für diese spannende, innovative Geldanlage entscheiden, die große Zukunft hat: für den Exchange Traded Funds.

Schon jetzt wünsche ich Ihnen ein goldenes Händchen bei der Verwaltung Ihres Depots. Dieser leicht verständlich aufgebaute Ratgeber hilft Ihnen sicherlich dabei, Ihr Geld zu vermehren.

4. Was ist der Unterschied zwischen Investoren und Trader, die mit ETF´s Geld verdienen möchten?

Investoren und Trader möchten alle nur eines: Ihr Geld vermehren. Eine logische Ansage, wenn man bedenkt, dass die Welt ohne Zinsen kaum mehr einen Anleger dazu ermutigt, sein Geld auf dem Geldmarktkonto oder auf dem Sparbuch versauern zu lassen. Die Nullzinspolitik herrscht nun schon seit vielen Jahren am Markt in Deutschland und in ganz Europa vor. Was das genau für Ihr Geld bedeutet, wenn Sie es nach Abzug der Inflationsrate wachsen sehen möchten, erkläre ich Ihnen anhand eines einfachen Beispiels.

Wissen Sie, wie hoch die aktuelle Rate der Inflation, also der Geldentwertung, gerade ist? Egal, wie man das Blatt jetzt dreht oder wendet: Der Kaufkraftverlust liegt aktuell bei ca. 1 % - 2 %. Das heißt, dass die Waren im Durchschnitt in etwa um diese Prozentzahl pro Jahr teurer werden. Warum berichte ich Ihnen in diesem Buch über Wirtschaft und die Inflation? Ganz einfach: Sie sollten diese Rate der Inflation einmal ins Verhältnis dazu setzen, was Sie derzeit bei „alt bewährten und bekannten Sparformen" an Zinsen erhalten. Meist ist der Zinssatz bei Sparkonten oder auf dem Tagesgeld kaum mehr über 0,5 % zu finden. Ich will in diesem Buch hier keine Erbsen zählen mit genauen Zahlen, sondern nur einen wichtigen Effekt verdeutlichen: Sie vernichten Ihr Geld, wenn Sie es in Form von Sparprodukten anlegen. Ein einfaches Beispiel zu diesem Punkt der niedrigen Zinsen im Verhältnis zur Inflation:

Geldanlage für ein Jahr

Kapital 10.000 Euro
+ Zins 0,5 % 50 Euro
- Inflation 1,5 % 150 Euro
Kapital nach 1 Jahr 9.900 Euro

Sie sehen: Sie vernichten jedes Jahr ein Kapital von 10.000 Euro um genau 100 Euro, wenn Sie nicht endlich Alternativen zu herkömmlichen Sparformen suchen. Kaum eine Bank in der heutigen Zeit verdient am Absatz vor Sparbriefen, Zuwachskonto, Girokonten oder dem klassischen Sparbuch.

Banken sind mehr denn je darauf angewiesen, Investmentfonds, Wertpapiere, Versicherungen oder andere Verbundprodukte ihren Kunden zu verkaufen. Doch auch dies sei nur am Rande erwähnt. Sie als Kunde sollten verstehen, egal, ob Sie als Trader oder Investor den Markt rund um die Börse erobern möchten: Sie vernichten Ihr Geld, wenn Sie nicht nach Alternativen in der vorherrschenden Nullzinspolitik suchen.

Genau aus diesem Grunde ist es der absolut richtige Weg, sich über den ETF in diesem Buch zu informieren.

Worin besteht nun der Unterschied zwischen dem Trader und dem Investor?
Der Trader denkt kurzfristig. Er möchte die Chancen am Markt nutzen, um den „schnellen Euro“ zu verdienen. Dabei muss der Trader nicht unbedingt als kurzfristiger Spekulant gelten, sondern er möchte einfach gern die Märkte beobachten und Gewinne mitnehmen.

Der Investor hingegen möchte den ETF nutzen, damit er langfristig sein Vermögen wachsen sieht. „Was ist schon langfristig an der Börse?“ Diese Frage wurde mit immer und immer wieder gestellt, als ich in der Vermögensberatung noch selbst für meinen Arbeitgeber Aktien und Wertpapiere verkauft habe. Ein langfristiger Investor denkt über ein Zeitfenster von mindestens 6 Jahren, besser sind sogar 10 Jahre oder noch länger. Das Geld, das Sie in Form von Sachwerten und zum Schutz vor der Inflation anlegen können, sollten Sie für die Altersvorsorge planen oder für den soliden Aufbau Ihres Vermögens auf eine lange Sicht hinweg betrachten.

Schon recht viel habe ich in diesem Ratgeber über die Sachwerte gesprochen. Doch – was verbirgt sich denn hinter dem Begriff der

Sachwerte, mit denen wir unser Geld vor der „bösen Geldentwertung, vor der Inflation" nachhaltig schützen können?

Sachwertanlagen finden Sie in Aktien, in Immobilien und in Rohstoffen wie Gold, Silber und Platin. Vor allem diese Edelmetalle werden als Rohstoffe gehandelt, die der Geldanlage dienen. Es gibt natürlich noch weitere Rohstoffe wie Öl oder andere Mineralien. Doch hierbei sollte sich der Trader oder der Investor schon sehr gut auskennen, wenn er diese Märkte zur langfristigen Geldvermehrung nutzen will.

Egal, ob Trader oder Investor. Egal, ob Sie lang-, mittel oder kurzfristig für Ihren Vermögensaufbau sorgen möchten: Bitte achten Sie immer darauf, dass Sie Ihr Vermögen gut mischen und niemals alles auf eine Karte setzen. Wie heißt es so schön in der Fachwelt rund um die Börse? Diversifikation – so lautet das große Zauberwort! Das heißt, dass Sie Ihr Portfolio so aufbauen sollten, damit Sie verschiedene Produkte wie Sparbücher oder Tagesgelder (nur in eingeschränkter Form für den Notgroschen) und diverse Sachwerte nutzen sollten. Wer hier ein gutes Händchen beweist, sorgt für den langfristigen Vermögensaufbau mit Zukunft.

Somit tragen die börsennotierten Fonds in einem großen Maße dazu bei, dass Sie Ihr Vermögen mit System aufbauen. Hier können Sie unter verschiedenen Sachwerten wie Aktien oder Rohstoffe schließlich elegant auswählen. Schon mit dem Erwerb von nur einem Anteils von einem ETF kaufen Sie sich auch in verschiedene Werte ein, wie ich es Ihnen bereits in diesem Buch erklären durfte. Sie streuen Ihr Vermögen also schon, wenn Sie nur 50 Euro investieren.

Also: Der Trader und der Investor können in Form vom synthetischen Fonds kostengünstig viele Sachwerte kaufen. Natürlich unterliegen Aktien, Rohstoffe und Co immer gewissen Schwankungen, die ich Ihnen im Hauptteil meiner Lektüre noch sehr genau vorstellen werde. Fakt ist, dass der börsennotierte Fonds eine gute Möglichkeit ist, das niedrige Zinsniveau auf elegante Art und Weise auszuhebeln.

Tipp
Die eiserne Reserve, also der Notgroschen für alle Fälle sollte, nach meiner Ansicht, nicht in Form von einem ETF angelegt werden. Warum ist es wichtig, eine Reserve für Renovierungen, den Autokauf oder für spontane Reisen auf dem Sparbuch oder dem Geldmarktkonto zu hinterlegen, auch, wenn es dort kaum Zinsen gibt? ETF`s können schwanken – das kann und wird Ihnen niemand abnehmen können. Wenn Sie den börsennotierten Fonds kaufen, werden Sie niemals in der Wertentwicklung die reine Einbahnstraße nach oben oder unten erleben. Wenn Sie jedoch kurzfristig Geld benötigen für unvorhergesehene Ausgaben wie die Renovierung am Haus oder der Reparatur beim Auto, dann sollten Sie nicht auf Marktschwankungen angewiesen sein. Jeder Experte rund um die Finanzen sagt es Ihnen deshalb immer und immer wieder: Behalten Sie sich eine kleine Reserve, damit Sie auf Dauer ruhig schlafen dürfen. Wie hoch sollte diese Reserve aussehen oder wie können Sie darüber spontan vielleicht verfügen? Im Laufe meines Buches erfahren Sie es noch sehr genau. Sind Sie schon neugierig darauf, wie Sie als Trader und Investor den Markt rund um die Finanzen erobern werden?

5. Wie die aktuelle Wirtschaftslage und die Geldanlage in Form von ETF´s zusammenhängen

Sie haben jetzt schon sehr viel rund um die Geldanlage, die mit dem börsennotierten Fonds möglich ist, erfahren. Dennoch fragen immer mehr Menschen schon seit vielen Jahren:

- Werden die Zinsen nicht endlich einmal ansteigen?
- Warum sollte man bei den hohen Aktienkursen jetzt noch einsteigen?
- Wieso sollten Wertpapiere mit hohen Kosten und Gebühren gerade ich kaufen, wenn ich mich doch gar nicht an den Märkte auskenne?
- Werden die Zinsen vielleicht im Ausland irgendwann einmal besser werden oder soll ich mein Geld in Form von Werten außerhalb vom Euro anlegen?

Vielleicht ist auch Ihnen, liebe Leserin oder lieber Leser, die ein oder andere Frage schon durch den Kopf gegangen. Nicht immer wissen wir natürlich, was die Märkte in der Zukunft bringen werden. Doch - wie denken Sie über den Gedanken persönlich, dass die EZB, also die europäische Zentralbank, die Wirtschaft bald einmal ausbremsen will? Ich kann es mir kaum vorstellen, dass der Motor der deutschen und europäischen Wirtschaft jetzt lahmgelegt oder deutlich ausgebremst wird. Genau diesen Effekt würden wird jedoch bei steigenden Zinsen erleben.

Warum sind fallende und niedrige Zinsen mehr als Gold wert für eine florierende Wirtschaft?

Wenn die Zinsen, wie schon seit vielen Jahren, niedrig sind, will kein Bürger sein Geld zu Bank bringen und es anlegen. Außerdem sind Investoren und Firmen mit niedrigen Zinsen für die Kredite oftmals sogar dazu verleitet, sich zu verschulden. Auch das tut der allgemeinen Lage rund um die Wirtschaft gut. So vergrößern sich

Firmen, was für eine gute Beschäftigung bei unserer Bevölkerung dient. Sie sehen also: Niedrige Zinsen verleiten die Verbraucher, Geld auszugeben, gerade wenn sie Geld durch einen guten Job regelmäßig einnehmen. Diese Lage herrscht aktuell schon lange in Deutschland und in ganz Europa vor.

Die wirtschaftliche Lage in Deutschland und in den meisten Staaten in Europa ist mehr als solide zu beurteilen. Das fördert gute wirtschaftliche Grundfaktoren, die in Zahlen ausgedrückt werden. Hier geht es um das BIP (Bruttoinlandsprodukt), um die niedrige Arbeitslosenquote und um das außenwirtschaftliche Gleichgewicht. Gerade wir in Deutschland glänzen mit guten Zahlen im Export, nicht nur durch den florierenden Absatz von Autos. Das Sigel „Made in Germany“ ist international mehr als anerkannt. Das kann uns in Deutschland stolz stimmen, auch wenn auch wir im Lande nicht nur sorgenfrei und völlig ohne Probleme leben können.

Im Grundsatz ist unser Wohlstand so beliebt, dass wir in einem guten Gleichgewicht in Deutschland leben können. Nicht umsonst sind wir ein attraktives Land, das durchaus begehrt ist bei anderen Nationen. Sei es einmal dahingestellt, wie es politisch und wirtschaftlich in Europa weitergehen wird: Die Grundfaktoren sprechen alles andere als dafür, dass die Zinsen, die derzeit in Europa vorherrschen, die nächsten Monate oder Jahre ansteigen werden. Wir in Deutschland stehen so solide und gut aufgestellt da, weil die Niedrigzinspolitik als Motor für die Wirtschaft gilt.

Obwohl kein Experte mit der Glaskugel dasitzt und genau im Vorfeld vorhersagen kann, wie sich die Zinsen entwickeln werden, deutet alles weiterhin auf eine Niedrigzinspolitik im Lande hin. Nach meiner Ansicht werden sich die nächsten Jahre noch die Zinsen auf einem niedrigen Niveau halten. Länder wie Japan oder auch die USA machen es uns längst vor: Sogar über viele, viele Jahre kann das Niveau der Zinsen am Geld- und Kapitalmarkt auf einem sehr niedrigen Level bleiben.

Das fördert die Investitionsbereitschaft und die Vollbeschäftigung. Die Inflation hält sich mit meist unter 2 % pro Jahr immer noch auf einem relativ niedrigen Niveau. Allerdings spricht sehr viel dafür, dass Sie in Form von Sachwertanlagen die Rate der Geldentwertung auf Dauer zumindest erwirtschaften oder gar toppen werden.

Wie also in Sachwerte anlegen, wenn Sie selbst keine Aktien, Immobilien oder den Barren von Gold kaufen möchten? Richtig – in Form des Erwerbs von ETF´s gelingt es vielen Bürgern, das Vermögen nachhaltig wachsen zu sehen. Wenn Sie an den börsennotierten Investmentfonds denken, den auch Sie monatlich ansparen können, werden Sie die Sachwerte kaufen, die für den Schutz gegen die Geldentwertung sehr gut geeignet sind.

Allerdings sind auch ETF´s keinesfalls eine Geldanlage, die sich ganz ohne Risiken nur nach oben entwickel wird. Chancen und Risiken geben sich immer freundschaftlich die Hand, wenn Sie eine Geldanlage wählen. Es ist, wie immer im Leben: die eierlegende Wollmilchsau gibt es einfach nicht. Wer Chancen am Markt durch den Wirtschaftswachstum nutzen will, muss also Schwankungen aushalten. Doch im Laufe meines Buches erkläre ich Ihnen noch sehr genau, wie Sie Risiken minimieren und was es für Sie bedeutet, ETF´s im Depot zu unterhalten.

Freuen Sie sich darauf, mit mir gemeinsam den Markt rund um die börsennotierten Indexfonds näher zu ergründen. Ich liefere Ihnen einfach verständliche Beispiele für die Praxis, damit Sie das Thema rund um die Sachwertanlage und die ETF´s verstehen werden.

Benötigen Sie ein großes Startkapital, wenn Sie ETF´s kaufen und ist diese Art der Sachwertanlage auch für die Altersvorsorge geeignet? Diese Fragen und noch viele mehr werde ich Ihnen im Hauptteil dieses Ratgebers noch genau beantworten. Schön, dass Sie weiterhin am Ball bleiben, damit Sie Ihr Geld vor der Inflation schützen und mit viele interessanten börsennotierten Fonds für den nachhaltigen Wachstum bei Ihrem Vermögen sorgen.

Egal, ob Investor oder Trader: Sie finden sicherlich für Sie und für Ihr Portfolio genau die richtigen Klassen der Anlagen, damit Sie sich über gute Zinsen freuen und sich den ein oder anderen Traum bald leisten können.

Sind Sie schon neugierig auf das, was Ihnen die Anlage in Form von ETF´s an neuen Möglichkeiten schenken wird?

Merken Sie sich
Nicht das Sparen allein, um spät zu genießen, macht das Glück.
In diesem Zitat von Johann Wolfgang von Goethe, der von 1749 – 1832 lebte, sehen Sie: Glück ist, sich das ein oder andere Gut leisten zu können und das Leben zu genießen. Das Mittelmaß zwischen Sparen und Leben – das sollten auch Sie in Ihrem Alltag möglichst häufig finden. Mit der Anlageform ETF kann auch Ihnen das mühelos gelingen. Freuen Sie sich auf spannenden Informationen im Hauptteil dieses Buches, die Sie sicherlich dabei unterstützen, für den strukturierten Vermögensaufbau mit Zukunft zu sorgen. Willkommen im nun folgenden Hauptteil meines Buches, der Ihnen zahlreiche Beispiele schenkt, wie Sie mit der Sachwertanlage Ihr Vermögen wachsen sehen können.

Sind auch Sie jetzt schon richtig neugierig auf die folgenden Kapitel geworden? Lassen Sie sich überraschen von vielen Beispielen für die Praxis und mehr...

Hauptteil

1. Die Sachwertanlage ist beliebter denn je - kann der Anleger hier den niedrigen Zinsen entkommen?

Wie ich Ihnen in der Einleitung in diesem besonderen Ratgeber schon verraten habe, werden die Zinsen vermutlich in den nächsten Monaten, wenn nicht gar über die nächsten Jahren hinweg betrachtet, wohl kaum steigen. Der Wirtschaftsmotor sollte für alle Menschen weiterhin so auf Hochtouren am Laufen bleiben, damit wir geringe Arbeitslosenquoten und ein steigendes BIP aufweisen können. Das heißt, das wir Menschen gern konsumieren und dadurch der Wirtschaft einen großen Gefallen erweisen.

Wenn die Zinsen niedrig bleiben, ist die Sachwertanlage mehr denn je gefragt. Doch – warum sollten Sie sich selbst die Aktien ins Depot legen, wenn Sie vom Wirtschaftswachstum profitieren möchten? „Mit Einzelwerten solle man sich doch genau auskennen" - so sagt es mancher Bürger, der sich nicht täglich um sein Depot kümmern möchte.

Doch ich möchte nochmals an dieser Stelle im Detail erwähnen, welche Arten von Sachwerten es gibt und welche Möglichkeiten Sie finden, diese in Form eines börsennotierten Fonds zu kaufen. Sachwerte schützen vor Inflation und sind wirklich die einzige Möglichkeit, als Sparer den niedrigen Zinsen zu entkommen. Wer schon von uns möchte sind mit Zinsen, die deutlich unter der Rate der Geldentwertung liegen, auf Dauer zufrieden geben?

Also – auf in die Welt der Sachwerte. Viele Banken werben, völlig zurecht, wie ich finde, schon lange mit dieser Grundsatz-Aussage, dass Sie als Kunde die beliebten Investmentfonds kaufen sollen.

Sachwerte finden wir in Form von Immobilien, Rohstoffen und vor allem in den Aktienanlagen. Natürlich gilt als Sachwert der Vermögensbildung auch eine Antiquität oder ein bestimmtes Sammlerstück, das im Wert steigen soll. So spekulieren viele Kenner mit Waren wie Whisky, Autos oder teuren Antiquitäten. Allerdings warne ich ich stark davor, sich den mit diesen Waren die schnelle Geldvermehrung zu wünschen, auf die mancher Laie oftmals vergeblich wartet. Wie heißt es so schön? Angebot und Nachfrage regeln den Preis – und das immer! Wenn Sie also für Ihren teuren Wein keinen Abnehmer finden oder das Sammlerstück eines Autos doch nicht so stark den Käufer anspricht, wie Sie es erhoffen, können Sie diese Waren oftmals nicht verwerten. Wenn kein Handel mit Werten möglich ist, verdienen Sie auch kaum Geld damit.

Immobilien stellen eine weitere Möglichkeit dar, die gerade in Deutschland sehr beliebt ist. Wer möchte sich nicht das Reihenhaus finanzieren und das noch dazu zu niedrigen Zinsen, die derzeit am Markt vorherrschen? „Die Immobilie ist des Deutschen liebstes Kind“– das hört man immer und immer wieder. Der sicherheitsbewusste Bürger zahlt sich schließlich gerne seine Miete an sich selbst oder agiert als cleverer Kapitalanleger. Hier generiert er die Mieteinnahmen in regelmäßiger Form, die er natürlich versteuern muss. Doch – machen wir uns alle nichts vor: Die Immobilie kostet Geld – viel Geld. So kann sich nicht jeder Mensch eine teure Wohnung oder das idyllische Häuschen auf dem Lande leisten. Meist müssen sechsstellige Summen investiert werden, damit sich ein Wertzuwachs einer Immobilie realisieren lässt. Wer hat schon 150.000 Euro oder mehr auf der hohen Kante oder will sich verschulden, ohne zu wissen, ob die Immobilie im Wert auch wirklich steigen wird? Ein Objekt zu unterhalten und ggf. zu vermieten kostet Zeit und Energie. Wenn Sie eine Immobilie verwerten möchten, weil Sie dringend Geld benötigen, kann sich dies als schwieriges Vorhaben für Sie erweisen. Und jetzt?

Sie sehen also: Mit der Sachwertanlage ist das eben so eine ganz spezielle „Sache“! Einerseits wissen wir, dass wir unser Vermögen schützen und vermehren möchten. Andererseits hingegen sind es oft die kleinen Summen, die wir ansparen möchten oder in Form einer Einmal-Anlage investieren wollen. Hierbei sind Immobilienanlagen nicht unbedingt ein Vorteil. Auch mit Sammlerstücken oder einzelnen Werten der Aktien kennt sich nicht Jedermann aus.

Was bleiben denn für Alternativen, das Geld clever anzulegen? Richtig – jetzt endlich sind wir beim Thema des ETF`s angekommen. Der börsennotierte Fonds hat gegenüber dem Investmentfonds, den Sie über die Bank oder den Investmentanbieter kaufen können, vor allem einen entscheidenden Vorteil: Sie sparen sich teure Kosten und Gebühren. Während die Fondsmanager oft bei der Investmentbank, in der sie ihrer Arbeit nachkommen, ein gutes Einkommen generieren, muss dieses vom Verbraucher natürlich bezahlt werden. Auch die Vertriebswege von Investmentbanken sind teuer: Mitarbeiter von Banken werden von den Investmentbanken wie der Deka, der Adig, der DWS oder der Union geschult, damit sie die Produkte gut beim Kunden „an den Mann" oder „an die Frau" bringen. All dies will teuer bezahlt werden – von Ihnen als Kunde!

Natürlich will ich nicht aus einem generellen Prinzip heraus alle Investmentbanken und Filialbanken schlechtreden. Doch, glauben Sie mir: Ich weiß aus eigener Erfahrung, wie Banken mehr denn je auf den Absatz von Investmentprodukten angewiesen sind. Investmentprodukte, die die Anlage der Sachwerte unterstützen – diese sind auch sinnvoll. Diesen Effekt haben Sie sicherlich verstanden und tief in sich verinnerlicht. Dennoch ist die Sachwertanlage eine clevere Strategie der Banken und Investmentgesellschaften, um ihre Ertragslage zu verbessern. Sicher sind hierbei die börsennotierten ETF`s eine günstige Alternative für Sie als Kunde.

Wie ist dieser Sachverhalt genau zu verstehen und was bedeutet eine niedrige Zinsspanne?

In den Grundlagen in diesem Ratgeber ist Ihnen sicher schon klar geworden, dass die niedrig vorherrschenden Zinsen im Kreditgeschäft und auch bei den Einlagen gelten. Das hat für den Kreditnehmer den Vorteil, dass er wenige Zinsen bezahlen muss, wenn er sich verschuldet. Für den Sparer hingegen ist es kein Gewinn, sich mit den niedrigen Zinsen abfinden zu müssen. Die Bank verdient bei dem herkömmlichen Geschäften mit dem tiefen Ursprung der Kredit- und Anlagen-Wirtschaft, in der sogenannten Zinsspanne. Die Zinsspanne drückt den Unterschied zwischen den Zinsen aus, die die Bank einnimmt (Kreditzinsen) und den Zinsen, die die

Bank dem Anleger bezahlen muss (Zinsen für Sparbriefe und Co). Da nun die Zinsen auf beiden Seiten mehr als niedrig sind, verdient die Bank auch schlecht – und das schon seit vielen Monaten und Jahren. Die Folge davon sind Entlassungen bei Banken, die Sie fast täglich in der Wirtschaftspresse verfolgen können. Was den Sparkassen und Banken also bleibt, um ihre Ertragslage dennoch auf einen soliden Niveau aufrecht zu erhalten, ist die Einnahme in Form von Provisions-Erträgen. Hier können Sie Leasing-, Versicherungs-, Bauspar- und vor allem die beliebten Wertpapierprodukte finden. Vor allem im Wertpapiergeschäft, allem voran mit Hilfe von Investmentfonds, versucht so jede Bank, ihren Ertrag zu steigern. Das ist auch ein Hauptgrund dafür, warum jede Sparkasse oder Bank Ihnen mehr denn je eine verkaufen will: Wertpapiere und Fonds!

Doch – sind wir einmal ehrlich: Banken verkaufen Ihnen das, was den meisten Ertrag für sie erwirtschaftet. Natürlich will ich nicht aus einen pauschalen Prinzip heraus jedem Berater unterstellen, dass er Ihre Interessen als Kunde nicht gut vertritt. Ein guter Bankberater verkauft dem Kunden das, was er braucht. Diesen Ansatz finden wir in der bedarfsgerechten Beratung. Wenn Sie also das Gefühl in sich tragen, dass Sie der Berater fair und nach Ihren persönlichen Interessen berät, dann suchen Sie ruhig den Experten in der Bankfiliale auf. Er wird Ihnen vermutlich alles rund um den Investmentfonds erklären und Ihnen aufzeigen, wie wichtig es ist, ein Depot zu unterhalten.

Dennoch gebe ich Ihnen jetzt folgenden Tipp: Bitte bringen Sie von sich aus ruhig einmal das Thema vom börsennotierten Fonds zur Sprache. Sagen Sie, dass Sie nicht eine Investmentgesellschaft dafür bezahlen müssen, dass Sie einen Korb von Aktien kauft, wenn Sie diesen Effekt bei börsennotierten Fonds (ETF) billiger erzielen können. Die Bank verdient an den Spesen und Gebühren im Depot und die, die an der Börse entstehen, immer noch genug.

Sie wissen, dass Sie mit dem ETF sich ebenso am Aktienmarkt beteiligen können oder dass Sie Rohstoffe wie Gold, Silber und Platin damit kaufen dürfen. Sie können in Form vom börsennotierten, rein synthetischen Fond, genau 1 : 1 am hinterlegten Vergleichsindex partizipieren. Sprechen Sie also ruhig den ETF in der Bankfiliale an – ein guter Berater weist Sie hierbei auf alle Chancen und Risiken hin, die für Sie wichtig sind.

Allerdings können Sie diese Art der Sachwertanlage auch selbst über Ihr Direktdepot kaufen. Die Tatsache, dass Sie diesen Ratgeber über den börsennotierten Fonds lesen oder sich diesen gerade anhören, spricht für Sie. Mit dem umfassenden Wissen, das ich Ihnen nach der Hinleitung zum börsennotierten Fonds jetzt Schritt für Schritt näherbringe, werden Sie sich bestimmt zutrauen, sich für den richtigen ETF in Ihrem Depot zu entscheiden.

Diese Hinführung zum Thema Sachwerten und den Input über alle inflationsgeschützte Anlageformen ist allerdings wichtig. Die Basis sollten Sie absolut in Ihrem Herzen als Anleger verinnerlichen, WARUM Sie überhaupt ETF`s kaufen oder verkaufen sollten.

Die Welt rund um die Finanzen hat sich geändert – und zwar schon längst. Genau deshalb ist es das A und O, damit Sie sich auf Ihre Hinterbeine stellen, wie Sie der Inflationsfalle in einer Welt ohne Zinsen entkommen können.

Wie denken Sie über diesen Aspekt persönlich?

2. Die Vor- und Nachteile des börsennotierten Fonds im Überblick für Sie

Sie wissen nun, dass Sie in Form vom börsennotierten Fonds vom Aktien- und Rohstoffmarkt profitieren können. Die Produkte rund um innovative Instrumente am Finanzmarkt nehmen immer mehr zu. Obwohl es derzeit noch keinen ETF auf Immobilien oder andere Werte wie Antiquitäten, exotische Währungen und Co im Netz zu finden gibt, sehen wir fast täglich neue Formen im Sinne von einem ETF. Die Welt rund um die Finanzen ändert sich fast jede Woche – gut so. Genauso schnell wachsen deshalb neue Finanzinnovationen fast wie Pilze aus dem Boden. Wer sich deshalb über bestimmte Tools wie Finanznet, Onvista, Finanztipp-Seiten oder diversen Anbietern von Brokern informieren will, darf täglich im Internet surfen. Hier finden Sie auf speziellen ETF-Seiten immer wieder Angebote, wie Sie auf den Markt von Gold, Silber oder diverse Aktien-Indizes spekulieren können. Egal, ob Sie den Nikkei, den DAX, den Dow Jones oder den S & P 500 als Vergleichsindex in Betracht ziehen: Information ist das halbe Leben, BEVOR Sie sich einen ETF in Ihr Depot legen.

In diesem Buch kann ich aus diesem Grunde nur auf die Basis eingehen und Ihnen den börsennotierten Fonds als Fundament erklären. Ich liefere Ihnen Beispiele, welche Arten von ETF Sie kaufen und verkaufen können. Allerdings gebe ich hier ganz sicher keine Empfehlungen ab, welche Art von Fonds zu Ihnen ganz persönlich passt. Die Entscheidung, welcher Sachwert zu Ihnen und zu Ihrer Persönlichkeit passt, die treffen Sie dabei ganz alleine. Es handelt sich hierbei um Ihr hart verdientes Geld – deshalb muss die Anlage zu Ihnen passen. Das heißt: Sie sollten voll und ganz hinter der von Ihnen getätigten Investition stehen!

Doch als Fundament stelle ich Ihnen nun die Vorteile vom ETF vor. Sie werden dabei schnell feststellen, dass diese Form der Anlage zu vielen Menschen, sicher auch zu Ihnen persönlich, passen:
Hier die Vorteile eines ETF`s im Überblick:

Der ETF spiegelt 1 : 1 die Benchmark wider: Wie bereits erklärt, kann ein aktiv verwalteter Fonds etwas mehr oder weniger Erträge abliefern als sein Vergleichsindex. Es hängt davon ab, wie erfolgreich der Fondsmanager seine Titel auswählt, die er im „normalen“ Investmentfonds einkauft und unterhält. Der börsennotierte Indexfonds ist in dieser Hinsicht besser kalkulierbar. Er bietet dem Anleger ganz exakt die absolut faire Wertentwicklung der Messlatte vom Vergleichsindex.

Wenn Sie sich den ETF in Ihr Depot legen, erhalten Sie Dividendenerträge von der Aktiengesellschaft, kurz, von der AG. Diese Ausschüttung, die auch jeder Aktionär meist einmal pro Jahr zu erwarten hat, ist eine gute zusätzliche Einnahmequelle, die auch 1 : 1 beim Fonds entsteht.

Sie partizipieren an der Wirtschaft im nationalen und internationalen Bereich, wenn Sie in ETF`s investieren. Sie können hierbei Währungschancen nutzen, die außerhalb des Euros zu finden sind.

Der „normale Fonds“ wird in der Regel nur einmal am Tag bei der ausgebenden Investmentgesellschaft geordert oder kann beim Verkauf an sie zurückgegeben werden. Dieser Fonds ist nicht börsennotiert, der ETF sehr wohl. Die Transparenz an der Börse kann jeder Anleger live spüren, indem er minütlich und fast rund um die Uhr handeln kann. Seine Order wird in der Regel an der Börse zum aktuellen Indexwert sofort ausgeführt. Im Anschluss sieht der Investor sofort, zu welchem Preis seine Order abgewickelt wurde. Im Gegensatz zum klassischen Fonds einer Investmentgesellschaft wird ein ETF eben gehandelt wie eine Aktie. Das sorgt für gute Transparenz und faire, schnelle Abwicklung.

Der größte Vorteil besteht in meinen Augen beim ETF darin, dass es kaum Kosten und Gebühren gibt, außer den herkömmlichen Börsenspesen. Es gibt keinen Ausgabeaufschlag, und die laufenden Gebühren sind deutlich geringer wie beim klassischen Fonds der Investmentbank.

Nahezu alle großen Börsen auf der ganzen Welt wickeln Geschäfte mit Indexfonds ab. Die sogenannte Market Maker, meist sind das neutrale Banken oder unabhängige Handelshäuser, bieten die objektiven Handelskurse von den ETF´s, die Sie dann ins Depot kaufen oder daraus wieder verkaufen können. Somit ist jedes Geschäft klar kalkulierbar und sogar in der Order genau mit einem Limit zu versehen. Doch dazu folgen später nähere Details.

Der fair kalkulierbare Wert eines ETF`s ergibt sich aus dem Gesamtwert aller enthaltenen Wertpapiere, die in den Fondsanteilen enthalten sind. Sie können dabei an der Börse auch zum Beispiel für 50 Euro genau ETF`s kaufen. Hier werden ungerade Fondsanteile gekauft, da Ihr monatlicher Sparbetrag konstant bleibt. Deshalb ist der Sparplan sehr beliebt zum Aufbau der Altersvorsorge. Sie können Einmal-Beiträge zu günstigen Kosten ebenso anlegen wie regelmäßig sparen. Ihre Summe, die Sie anlegen möchten, wird dabei stets geteilt durch die Anzahl der umlaufenden Fondsanteile.

Kosten hin, Kosten her: Die Sachwertanlage hebelt die niedrigen Zinsen aus. Die finden deshalb im ETF genau die Anlage, die Sie dauerhaft für den soliden Vermögensaufbau nutzen können. Hierbei können Schwankungen auftreten. Doch – ist es nicht immer so, dass Chancen und Risiken sich die Hand geben im Leben? Diesen Aspekt erkläre ich Ihnen jedoch im Pendel noch sehr genau in meinem Buch.

Sie profitieren von der steigenden, florierenden Wirtschaft, wenn Sie sich ETF`s ins Depot legen. Dabei profitieren Sie auf die kostengünstigste Art und Weise an einem Korb von bestimmten Werten wie Aktien oder Rohstoffen. Es gibt derzeit nichts günstigeres als den ETF, wenn Sie nicht unnötige Gebühren bei der Investition oder beim Trading in Kauf nehmen möchten.

Diese, nach meiner Ansicht wichtigsten Vorteile sind es, die den ETF ausmachen. Seit es den börsennotierten Fonds gibt und sich dieser, zum Glück, auch in Deutschland immer mehr durchsetzt, müssen Investmentbanken noch mehr um ihre Erträge kämpfen. Doch – sind wir einmal ehrlich: Möchten Sie Ihren eigenen Vorteil generieren oder die Banken, Sparkassen und Investmentgesellschaften subventionieren? Letztendlich geht es um Ihr hart verdientes Geld – achten Sie hierbei darauf, was unterm Strich an Rendite für Sie übrigbleibt.

So komme ich jetzt zu den Nachteilen, die Sie durchaus erleben können, wenn Sie sich mit ETF`s auseinandersetzen. Es ist, wie immer im Leben – es gibt nie nur Vorteile, wenn Sie keinerlei Nachteil in Kauf nehmen möchten. Deshalb stelle ich Ihnen in diesem objektiv gehaltenen Buch auch die Schattenseiten der börsennotierten Fonds vor.

Hier die Nachteile von ETF`s im kurzen Überblick für Sie:

ETF`s unterliegen, wie alle Wertpapieren in Form von Aktien, Rohstoffen oder diversen Fonds, stets Schwankungen. Die Schwankungsbreite wird in der Fachsprache rund um die Finanzen in der Volatilität ausgedrückt. Wer also sehr schwache Nerven besitzt und keinerlei Schwankungen im Depot aushalten kann, sollte somit die Finger vom ETF lassen. Was ist die Alternative? Die Alternative besteht darin, dass Sie Ihr Geld vermindern, indem Sie es bei schlechten Zinsen dem Inflationsrisiko aussetzen.

Wer als Aktionär gerne an der Hauptversammlung selbst teilnimmt und sein Stimmrecht ausüben will, kann dieses Recht beim ETF nicht ausüben. Dieses Stimmrecht besteht aus Prinzip bei keinem Fonds, weder beim ETF noch bei einem herkömmlichen Investmentfonds.

Die Kosten und Gebühren sind zwar transparent und günstig, allerdings kommen Bankspesen mit hinzu. Wer hierbei nicht clever vergleicht, muss hohe Börsenspesen in Kauf nehmen. Genau deshalb sollten Sie im Vorfeld wissen, was Sie bei Kauf und Verkauf an der Börse an Kosten zu tragen haben. All die Kosten rund um Börse und Ihr Depot schmälern Ihre Rendite.

Wenn Sie sich nicht permanent mit dem Markt rund um die Finanzen beschäftigen möchten, kann Ihnen ein hochspekulativer

ETF schnell zum Verhängnis werden. Wer hier als kurzfristiger Spekulant unterwegs ist und sich die wundersame Geldvermehrung erhofft, läuft hierbei Gefahr darin, ggf. schnell baden zu gehen. Genau deshalb ist das umfangreiche Wissen über Chancen und Risiken rund um den ETF eine gute Basis, damit Sie richtig investieren.

Wer unter Zeitdruck einen ETF zu schlechten Börsenzeiten verkaufen MUSS und hierbei nicht auf nötige Reserven zurückgreifen kann, wird ggf. Wertverluste hinnehmen. Doch – es ist, wie immer im Leben: Chancen und Risiken geben sich die Hand. Wer clever spart und den Verstand niemals ausschaltet, bevor er tradet und investiert, wird in Form vom richtigen ETF profitieren – und das nachhaltig.

Sie besitzen als Aktionär kein Mitspracherecht, welche Aktien genau gekauft und verkauft werden. Sie halten sich bei diesem synthetischen Fond ausschließlich an den Vergleichsindex, der hinterlegt ist.

Währungsrisiken und Ausfälle von Dividenden können auch beim ETF die Performance (Wertentwicklung) mindern. Wer hier gierig wird und immer auf die Erträge hofft, die die Vorjahre ausgeschüttet wurde, kann hier enttäuscht werden.

Sie sehen: Natürlich hat die Investition in Form von einem ETF nicht nur reine Licht- sondern auch ein paar Schattenseiten. Dennoch kann die genau richtige Investition und der clevere Umgang mit diesem modernen Finanzinstrument Ihnen zu einem soliden Zuwachs bei Ihrem Vermögen verhelfen. Wer möchte davon nicht profitieren?

Abschließend zu diesem Kapitel lege ich noch eine wahre Börsenweisheit ans Herz. Sie lautet:

„Gier frisst Hirn!“
Wer also zu gierig wird und sich immer größer werdenden Erträ-

ge bei der Entwicklung der börsennotierten Fonds erhofft, kann sich selbst in diesem Gedanken zerstören. ETF`s können gekauft und verkauft werden. Sie können täglich handeln mit diesen spannenden, absolut transparent nachvollziehbaren Wertpapieren. Allerdings gelten nur realisierte Kursgewinne auch als wahre Gewinne. Ebenso ist es mit den Kursverlusten: Buchverluste, die Sie im Depot sehen und sich dadurch vielleicht verunsichern lassen, entsprechen nicht der Realität. Nur, wer aktiv kauft und verkauft weiß, nach Abzug aller Spesen rund um Depot und Börse, was unter dem Strich an Gewinn oder Verlust übrigbleibt.

Im nächsten Kapitel stelle ich Ihnen das Verhältnis von Chance und Risiko beim ETF noch sehr genau anhand von ein paar einfachen Bespielen vor. Sind Sie schon neugierig darauf?

3. Das Verhältnis von Chance und Risiko - Ihr Pendel der Geldanlage - wie funktioniert es?

Wenn Sie relativ neu in der Welt der Finanzen clever unterwegs sein möchten, sollten Sie ein Prinzip einmal verstehen, damit Sie richtig handeln: Sie werden niemals Wertpapiere mit besten Renditechancen einkaufen können, ohne dabei nicht auch ein Risiko einzugehen. Sie können sich es ähnlich vorstellen, wie wenn Sie mit einem schnellen Auto unterwegs sind. Wenn Sie mit der Porsche und 300 PS sehr schnell fahren und bei 250 km/h auf der Autobahn ein Auto nach dem anderen überholen, macht das so manchem Fahrer regelrechte Freude. Dennoch sollten Sie wissen: Alle Airbags und Sicherheitssysteme können kaum greifen, wenn Sie nicht absolut konzentriert fahren und sich dessen bewusst sind, dass Sie mit dieser Fahrweise ein großes Risiko eingehen. Natürlich schaffen Sie es sehr schnell, mit dieser Geschwindigkeit von A nach B zu gelangen. Doch sollte in der Fahrzeit Ihnen ein Fehler unterlaufen, sind die Folgen oft fatal. Sie können tödliche Schäden davontragen. Auch der Totalschaden beim Wagen ist sehr wahrscheinlich, wenn Sie mit voller Wucht gegen die Leitplanke fahren. Dennoch macht es vor allem manch männlichem Fahrer Freude, eine gewisse Zeit mit diesem Traum-Auto einmal auf der Überholspur unterwegs zu sein. Dieser Autofahrer genießt das Gefühl, das er auch für eine bestimmte Dauer bei einem absolut konzentrierten Fahrstil gut durchhalten kann.

So oder so ähnlich ist es auch, wenn Sie ETF kaufen würden und das Geld mit Sicherheit schon nach einem Jahr wieder dringend benötigen. Hier laufen Sie Gefahr, dass Sie ihr Geld wider Erwartens an der Börse verlieren, gerade wenn die Märkte aufgrund volkswirtschaftlicher oder betriebswirtschaftlicher Fakten nach unten rauschen. Wer hingegen mit dem Geld länger nicht rechnet und Aktien oder ETF´s kauft, wenn er ein langes Zeitfenster mitbringt, kann sein Geld sicher nachhaltig vermehren. Sicher? Sicher ist an der Börse nichts – gar nichts! Sie sollten immer Volatilitäten, also Schwankungen am Markt, aushalten können.

Wer Aktien kauft, diese lange Zeit nicht verfolgt und sie einfach im Depot liegen lässt über viele Jahre, gar über Jahrzehnte, wird sich vermutlich über eine Rendite von ca. 6 % pro Jahr oder mehr freuen. Allerdings gibt es natürlich bei einem ETF niemals einen Garantieschein – schließlich ist diese Finanzinnovation auch immer davon abhängig, wie sich die Märkte in Zukunft entwickeln. Außerdem kommt es beim ETF immer darauf an, welcher Basket, also in diesem Falle welcher Vergleichsindex, hinterlegt ist. Ganz klar: Wenn Sie einen ETF in Ihr Depot legen, der am steigenden Goldpreis partizipiert und der Goldpreis per Feinunze Gold fällt, wird auch ihr ETF nach unten fallen. Aus diesem Grunde ist, nach Ansicht von vielen Experten rund um die Börsen, auch der monatliche Einstieg in die Märkte immer ein Gewinn für jeden Anleger.

Doch – wie hoch sind die Risiken wirklich und welche Chancen kaufen Sie sich ein, wenn Sie in ETF´s investieren?

Das sehr vereinfachte Beispiel mit dem Vergleich des Autos stellt natürlich nicht die genaue Schwankungsbreite vor, die Sie mit einer Geldanlage erwarten sollten.

Ich frage Sie jetzt als Kunde oder als interessanter Leser dieses Buches:

„Kennen Sie das Uhrpendel einer Wanduhr?“

Sicher nicken Sie innerlich und wissen, wie ein Pendel einer Uhr, die an der Wand hängt, funktioniert. Stellen Sie sich jetzt bitte vor, dass Sie diesen Pendel in eine Richtung aufziehen. Nehmen wir einmal an, Sie ziehen es nach rechts auf, denn auf der rechten Seite der Uhr stehen die Renditechancen. Wie hoch ziehen Sie das Pendel wohl auf, wenn Sie an den langfristigen Zuwachs bei Ihrem Vermögen denken? Wenn Sie das Pendel eines Rendite-Wunsches auf lange Sicht auf 6 % in eine Richtung ziehen und das Pendel im gleichen Stile loslassen, in dem Sie es in eine Richtung aufgezogen haben, passiert folgendes: Das Uhrpendel schlägt in der gleichen Form in die andere Richtung, also in diesem Beispiel nach links, aus. Stellen Sie sich jetzt genau vor, dass auf der linken Seite die

Risiken stehen. Auf der rechten Seite finden Sie, wie bereits vorgestellt, die Chancen. Wenn Sie also auf eine längere Sicht von ca. 8 – 10 Jahren eine Rendite von ca. 6 % erwarten, sollten Sie sich auch bewusst machen, dass die Anlage unterjährig durchaus einmal 6 % Verluste aufzeigen kann. Natürlich sind dies ebenso nur Richtwerte einer Schwankungsbreite, die Sie mit einkalkulieren sollten, BEVOR Sie den ETF in Ihr Depot einkaufen.

Fakt ist: Je riskanter die Anlage, je mehr Sie also das Pendel in eine Richtung der Chancen aufziehen, desto mehr kann es in die andere Richtung der Risiken schwanken.

Im Klartext: Sie können niemals duschen, ohne nass zu werden.

Aus diesem Grunde sollten Sie, egal, welche ETF Sie sich auch in Ihr Depot legen, immer auf einen wichtigen Aspekt achten: Investieren Sie Ihr Geld nur, wenn Sie einen eher mittel- oder langfristigen Anlagehorizont mitbringen. Das monatliche Sparen, gar für Ihre Altersvorsorge, ist hierbei eine wichtige Grundlage, ich ich Ihnen unbedingt ans Herz legen möchte.
Wenn Sie als kurzfristig agierender Trader der Markt rund um die Börse erobern möchten, sollten Sie sich mit dem Markt intensiv beschäftigen, damit Sie clever handeln. Wer als Spekulant den schnellen Euro verdienen will, wird auf Dauer nicht darum herumkommen, die Börse aktiv an jedem Tag zu verfolgen. Hier können Sie mit Limits oder der Stopp-Loss-Order arbeiten, damit es nicht zu einer bösen Kursüberraschungen kommen wird, wenn Sie im Urlaub sind oder sich einfach anderweitig absichern wollen. Auch diesen Aspekt erkläre ich Ihnen noch im Detail im Laufe dieses Ratgebers. Limitierungen sind bei der Erfassung der Order einfach wichtig – egal, um welchen Markt es geht, in den Sie sich einkaufen.

Bitte beachten Sie neben der Weisheit an der Börse „Gier frisst den Verstand auf“ die wichtige Grundlage, dass Sie nicht duschen können, ohne nass zu werden. In diesem einfachen Satz ist, nach meiner Ansicht, alles gesagt, was die Chancen und Risiken rund um Aktien und Co ergreift.

Gehören auch Sie jetzt zu den Anlegern, die sich folgende Fragen stellen?

Ich denke, Gold ist doch die krisensichere Anlage, gerade wenn die Aktien schwanken. Welcher Art von ETF ist hierbei sinnvoll? Waren Edelmetalle nicht schon immer sinnvoll um mein Vermögen zu schützen und ich dennoch kein großes Risiko eingehen will?

Welche Aktien sollte man denn kaufen und mit welchem ETF kann ich sogar vor einem Kursverfalls des Euros mein Vermögen schützen?

Was genau verbirgt sich hinter dem Begriff der Diversifikation und welche Anlageklassen eigenen sich dabei, dass ich mein Vermögen gut streue?

Wenn Sie diese oder ähnliche Fragen beschäftigen, wenn Sie an ETF´s denken, sollten Sie unbedingt die nächsten Kapitel genau in sich verinnerlichen. Zunächst werde ich mich dem Thema der Edelmetalle widmen, die für viele Bürger immer noch als sicherer, solider Hafen in Sachen Geldanlage dienen....

4. Was muss ich beim Kauf eines ETF`s in Form von Gold beachten und was ist im Vergleich ein ETC?

Ein Investment in Gold ist für sehr viele Investoren sehr einfach über börsengehandelte Produkte wie ETFs oder ETCs möglich. Diese Anlageformen, die Sie im Depot verwahren lassen können, ermöglichen Ihnen über ein Wertpapier an der Entwicklung des Goldpreises partizipieren. Doch: Ist es nicht sinnvoller, sich Edelmetall in Form von einem Barren oder einer schönen Münze in den Safe zu legen?

Nein – ganz sicher nicht! Der Vorteil von ETFs und ETCs im Vergleich zum klassischen Kauf von händischem Gold liegt in der geringen An- und Verkauf-Spanne. Es werden sowohl beim ETF als auch beim ETC keine Aufgelder fällig, da vorwiegend auf Ebene des Wertpapiers mit 12,5 Kilo-Barren gehandelt wird.

Auch die Kosten für Prägung von Münzen oder Barren entfallen komplett beim Wertpapier. Zudem müssen Sie sich keine Gedanken darüber machen, wo Sie den Barren oder die Münze verwahren und ob Sie sich vor Diebstahl schützen müssen. Auch die Stückelung eines verbrieften Goldwertes in Form vom Wertpapier ist deutlich interessanter als der Kauf vom Goldbarren. Wer möchte sich schon für mehr als 15.000 Euro einen Barren ins Schließfach legen, den er dann ggf. auch nur in einem einzigen Auftrag wieder verkaufen und zu Bargeld machen kann?

Egal, ob Trader, der als kurzfristiger Spekulant gilt oder als langfristig orientierter Investor:

Bitte kaufen Sie niemals händisches Gold, es sei denn, Sie möchten es als Schmuckstück an dem Hals Ihrer Frau sehen oder es selbst am Finger tragen. Doch von Schmuck als Geldanlage wird hier im Ratgeber generell abgeraten, da es einfachere Möglichkeiten gibt, in Form von börsennotierten Fonds sein Geld im Sinne der Entwicklung von Edelmetallen zu vermehren.

Worin genau besteht der Unterschied zwischen dem Gold-ETF und dem Gold-ETC?
In allen Ländern von Deutschland ist Gold in Form von börsengehandelten Rohstoffen, den sogenannten Exchange Traded Commodities (ETC´s), erwerbbar. Ein Gold ETC hat jedoch nur indirekt mit einem ETF zu tun, obwohl die Bezeichnung sehr schnell zu verwechseln ist. Der Gold-ETC ist eine Inhaberschuldverschreibung also kein Fonds, die meist mit physischen Goldbeständen besichert ist. Sie partizipieren somit in ähnlicher Form an der Entwicklung vom Goldpreis, auf das es Ihnen als Anleger letztendlich auch ankommt!
Aktuell stehen Ihnen ca. 11 ETCs zum Investieren in Gold zur Verfügung. Sie können diese dem ETF gleich setzen. Genau deshalb sollten Sie sich von der Verwirrung der Begriffe nicht durcheinanderbringen lassen.

Nur der Vollständigkeit halber ein paar rechtliche Fakten, die es derzeit zu beachten gibt:

In Deutschland gibt es aufgrund der rechtlichen Rahmenbedingungen durch die UCITS-Richtlinien keine rein klassischen Gold-ETFs. Der Rahmen beim Thema Recht erlaubt derzeit nicht, Indexfonds mit nur einem einzigen Bestandteil, nämlich Gold aufzulegen. Im Gegensatz zu Deutschland sind Gold-ETFs jedoch in der Schweiz und in vielen anderen Ländern zugelassen und handelbar. Da sich jeder Börsianer natürlich auch an ausländischen Börsen in Werte einkaufen kann, darf der deutsche Anleger an der Auslandsbörse aktiv werden, wenn er zwingend unbedingt den börsennotierten Fonds in Depot eingebucht wissen will.

Doch – wie erwähnt: Partizipieren Sie am Goldpreis in Form von ETC oder mit dem ETF.

Was ist noch wichtig, wenn Sie sich an der Entwicklung vom Goldpreis beteiligen möchten?
Neben Produkten auf den Goldpreis in US-Dollar können Sie auch eine Absicherung der Währung in Form vom Euro wählen. Hierbei wird ganz automatisch aufgrund der Ausstattung des Wertpapiers das Währungsrisiko auf täglicher Basis abgesichert. Im Klartext: Wenn Sie sich in den Goldpreis einkaufen und kein abgesichertes

Produkt der Währung Euro kaufen, werden Sie auch an der Entwicklung des US-Dollars automatisch teilhaben. Nicht selten jedoch möchten einige Anlegers ganz genau diesen Effekt erzielen, wenn sie dem Euro nicht trauen. Grundsätzlich gilt unsere Landeswährung als sicher und stabil. Dennoch gibt es immer wieder Menschen, und das nicht in seltenen Fällen, die dem Euro auf Dauer nicht trauen und ihr Vermögen auch in Sachen Währung streuen möchten. Sie sehen: Auch hier finden wir das Zauberwort der Diversifikation wieder. Hier mischen Sie nicht nur unterschiedliche Asset-Klassen, sondern können auch mit der Vielfalt diverser Währungen zusätzlich das Vermögen sehr gestreut anlegen.

Noch ein Vorteil vom ETC, den Sie nutzen können:
Einige ETCs bieten steuerliche Vorteile für deutsche Endanleger. Sie wissen sicherlich: Im Grundsatz unterliegen alle Erträge in Form von Kapitaleinnahmen der Steuerpflicht. In der Anlage „Einkünfte aus Kapitalvermögen" wird alles angegeben, was die Steuerbescheinigung ihnen vorgibt. Diese Steuerbescheinigung wird meist mit dem Depotauszug ganz automatisch versandt oder Sie können online Einsicht nehmen.

Wie hoch liegen die Kosten bei ETC`s bzw. ETF`s in Sachen Edelmetallen?

Meist wird dem Investor oder Trader bei einem Fonds immer mit der sog. TER, auf die Gesamtkostenquote, bei den entstehenden Kosten und Gebühren hingewiesen. Die Gesamtkostenquote (TER) eines Gold-ETFs oder Gold-ETCs liegt nur bei 0,00% p.a. bis 0,59% p.a.. Zu diesen Kosten kommen natürlich die börsenüblichen Spesen und Depotgebühren, die Sie vereinbart haben. Schließlich ist ein Depot die Grundlage dafür, dass Sie einen ETC oder ETF verwalten und verwahren können. Ohne Depot – kein Handel an der Börse. Was genau ist in der TER enthalten? In diesen Kosten sind Versicherungsprämien, Lagerhaltungskosten und weitere Managementkosten für das Produkt beinhaltet.

Was sind die Top Gold-ETF bzw. Gold-ETC gemessen an der Rendite per Juli 2019

Ich werde hier keinerlei Werbung betreiben und natürlich verändern sich die Renditen diverser Anbieter permanent. In Diesem Beispiel will ich Ihnen vor allem einen Effekt vorstellen: Sie sehen daran, welche Renditen Sie mit Edelmetallen pro Jahr erzielen können. Allerdings schwanken die Renditen und gelten hier nur zur Veranschaulichung eines Richtwertes, der real entstanden ist.

Die Top Wertpapiere nach 1-Jahres Fondsrendite per 31.07.19

EUWAX Gold mit 24,94 %
EUWAX Gold II mit 24,20 %
Xetra-Gold mit 22,80 %

Natürlich wissen Sie anhand meines Beispiels mit dem Pendel, dass es gut und gerne einmal zu einem Kursausschlag in die negative Richtung kommen kann. Dieses Risiko gibt der Chance die Hand – genau das sollte jedem Trader und Investor vollumfänglich bewusst sein.

Die größten Volumen an derzeit gehandelten ETC`s oder ETF´s, die den Goldpreis spiegeln, finden Sie in Produkten wie Xetra-Gold, ETFS Physical Gold oder Invesco Physical Gold A. Bei allen drei Wertpapieren werden per Mitte 2019 mehr als 5.600 Mio Euro gehandelt. Warum kann das Volumen auch für Sie entscheidend dafür sein, ob Sie einen ETF oder ETC kaufen oder verkaufen möchten? Je größer das Volumina, desto größer sind die Chancen einzustufen, dass Sie das Papier an der Börse auch mit Eingabe eines Limits kaufen oder verkaufen können.
Daneben finden Sie in den derzeit gehandelten Produkten wie EUWAX Gold oder EUWAX Gold II zwei Möglichkeiten, mit einer TER von derzeit 0 %. Sie sehen, dass die besten Fonds sogar gar nichts für Sie kosten müssen, außer den entstehenden Nebenkosten rund um Depot und Börse.
Allerdings will ich in diesem Ratgeber betonen, dass diese Werte nur einer Momentaufnahme entsprechen. Ich will hierbei keinesfalls eine Botschaft über einen speziellen Anbieter vermitteln, die

Sie falsch verstehen könnten. Sie können sich auf diversen Plattformen, die fast wie Pilze aus dem Boden im Internet wachsen, gerne selbst ein umfangreiches Wissen rund um Edelmetalle und ETF oder ETC aneignen. Diese Aktualität würde ich Ihnen persönlich auch ans Herz legen, damit Sie die Daten als EIN EINZIGES Kriterium rund um das Thema Geldanlage verinnerlichen. Für Ihre Anlage-Entscheidung spielen allerdings auch andere Kriterien eine Rolle.

Für Ihre persönliche Entscheidungsfindung sind neben Angaben zu Größe auch die Themen Kosten, Alter, Währungssicherung oder Wertpapierart relevant. Fest steht, dass Sie auch selbst nach Ihrem Gefühl entscheiden können, welche Art von Wertpapieren zu Ihnen passt.

Zusammenfassend möchte ich Ihnen erklären, dass Sie Gold oder andere Edelmetalle nur zur Beimischung in Ihrem Portfolio mit aufnehmen können. Ebenso wie Aktien sind Edelmetalle zwar eine gute Sachwertanlage, allerdings ist Gold niemals nur in Krisen sicher und sollte als „eierlegende Wollmilchsau" betrachtet werden. Wenn der Goldpreis nach dem Anstieg wieder nach unten purzelt ist dies eine Angelegenheit, die Sie in jedem langfristigen Chart betrachten können.

Bei jedem ETF sollten Sie also die Volatilität der Vergangenheit betrachten. Die Analyse eines Charts in Sachen ETF und Klasse der Anlage wie Aktie, Gold, Renten und Co sind dabei von großer Bedeutung. Auf die wichtigsten Signale eines Chats rund um den ETF oder ETC wird hier deshalb im Ratgeber noch genau von mir hingewiesen.

Wie gefallen Ihnen persönlich diese Form der Sachwertanlagen, die vor Inflation schützen können? Wer langfristig denkt, wird sicher eine solide Anlageform selektieren, mit der er lange Zeit seine Freude erleben wird. Klingt das nicht gut?

5. Die gängigste Methode dafür, mit dem ETF nachhaltig Geld zu verdienen: mit dem richtig hinterlegten Basket der Aktien Gewinne erzielen!

In diesem wichtigen Kapitel im Buch rund um die Börse und den ETF stelle ich Ihnen jetzt vor, wie Sie den ETF mit hinterlegen Aktien in Ihr Depot legen können. Wer sich also nicht in Einzeltitel einkaufen will, kann mit einem ETF sein Vermögen in Aktien streuen. Generell will ich Ihnen jetzt das große Wort der Diversifikation näherbringen. Diese Streuung im Vermögen ist immer richtig, wenn Sie niemals alles von Ihrem Vermögen auf ein einziges Pferd setzen möchten. Wenn Sie nur den Einzeltitel wie Deutsche Telekom, Siemens, Nestle oder Deutsche Bank in Ihr Depot legen (hier nenne ich nur ein paar Blue Chips beispielhaft), bilden Sie immer ein Klumpenrisiko. Wer hingegen in Fonds investiert, die bestimmte Körbe von Aktien hinterlegt haben, streut seine Anlagen in der Klasse Aktien ganz automatisch.

Ich stelle Ihnen jetzt einen einfachen Vergleich vor, den jeder Investor und Trader sicher sehr gut versteht:

Sie essen gerne Obst und möchten sich gerne gesund und vollwertig ernähren. Obst ist immer ein guter Energie-Lieferant für Jung und Alt. Früchte enthalten viele Vitamine und Mineralstoffe. All das ist pures Gold wert, wenn Sie an ein gesundes Leben denken – und das auf Dauer. Obst essen Babys in Form von Brei ebenso wie Rentner. So oder so ähnlich ist es übrigens auch mit Aktienanlagen. Aktien kann jeder kaufen, der sich am Wachstum der Wirtschaft beteiligen möchte. Zurück zum Beispiel: Wenn Sie gerne Bananen, Kirschen oder Pfirsiche mögen, aber keine Zitrusfrüchte vertragen, kaufen Sie sich vermutlich nur diese Früchte, die Sie lieben und gerne essen, ohne an Beschwerden zu leiden. Außerdem gibt es Vorlieben, dass manche Menschen keine Melonen oder Ananas essen. Generell jedoch lieben Sie Früchte und mischen sich sehr gerne einen bunten Obstsalat, der Ihnen schmeckt und bekommt. Sie wissen, dass der richtige Mix an Früchten gesund ist und die einseitige Ernährung, ausschließlich mit Bananen oder Äpfeln, zur Fehlernährung im großen Stile führen kann.

So möchten nun jetzt auch mit Aktien, die Sie grundsätzlich unterstützen, die richtige Form der Geldanlage finden. Sie finden es sinnvoll und mehr als gesund, wenn Sie sich also nicht ausschließlich einen einzelnen Titel in Ihr Depot legen. Das Klumpenrisiko möchten Sie vermeiden, indem Sie eben nicht alles auf eine Karte setzen und Ihr Vermögen gut und mit System streuen. Allerdings möchten Sie keine fremde Währungen kaufen und nur auf gute, solide deutsche Titel bauen. Wenn Sie somit als Vergleich in einen ETF investieren, der ausschließlich in Aktien, die im deutschen Vergleichsindex DAX hinterlegt sind, das Vermögen anlegt, liegen Sie damit richtig. Wenn Sie also die Benchmark DAX auswählen, werden Sie niemals Werte wie Apple oder Softbank kaufen. Genau so selektieren sie die Ihnen nicht schmeckenden Früchte sinnvoll aus, die Ihnen nicht bekommen.

Dieses sehr vereinfacht dargestellte Beispiel mag Ihnen vielleicht jetzt zu alltäglich erscheinen. Dennoch ist es an dieser Stelle extrem von hoher Bedeutung. Warum? Nur, wer sich im Vorfeld mit dem richtig hinterlegten Vergleichsindex beschäftigt, kauft auch die richtigen Aktien. Der Verlauf des ETF`s wird also, um bei diesem Beispiel zu bleiben, genau im gleichen Verhältnis im Kurs verlaufen wie der hinterlegte Korb „DAX“.

Sie sollten sich also im Vorfeld nicht um asiatische oder anderen US-Titel kümmern, wenn Sie einen ETF kaufen, der dieses Beispiel spiegelt.

Zusammenhänge an der Börse – wann steigen und fallen die Aktien?

Natürlich gibt es bei allen Börsen rund um den Globus immer einen Zusammenhang, den Sie niemals vergessen sollten. Wie sagte schon der Ungar Andre Kostonlany? Der Spruch: „Kaufe, wenn die Kanonen donnern!“ stammt von diesem Experten, der bis heute in die Geschichte rund um die Börse eingeht. Mit dieser Weisheit hat er recht. Doch vielmehr stellt sich vielleicht auch bei Ihnen die Frage: Warum fallen und steigen die Aktien und welche Faktoren sind dafür überhaupt verantwortlich?

Es gibt so einige Gründe, die nicht nur mit den betriebswirtschaftlichen Gründen einer AG zusammenhängen, warum der ETF steigt oder fällt. Diesen Zusammenhang von Aktien und ETF finden Sie immer, egal ob Sie in den Fonds oder in den einzelnen Titel investieren.

Sie können es sicher leicht verstehen, dass zum Beispiel der Dieselskandal mit dafür verantwortlich gemacht wird, warum diese Tragödie den Aktien rund um die deutschen Auto-Werte aktuell in der Kursentwicklung schadet. Dieser betriebswirtschaftliche Faktor betrifft vor allem gerade Unternehmen in Branchen wie Banken, Versicherungen oder eben bei den Autowerten.

Dennoch kommen Krisen auch dann zustande, wenn es zu weltwirtschaftlichen Problemen kommt. Sehen Sie sich einmal die Krisen der Dotcom-Blase zur Jahrtausendwende oder die Finanzmarkt-Tragödie an, die 2008 an allen Märkten eingeleitet wurde. Volkswirtschaftliche Faktoren oder diverse negative Nachrichten, die wir täglich in der nationalen oder internationalen Presse verfolgen können, beeinflussen die Kurse an der Börse – und zwar weltweit. Vielleicht können auch Sie sich noch daran erinnern, das vor mehr als 10 Jahren alle Börsen weltweit durch die Bankenkrise eingeleitet wurde. Es ging los mit dem US-Markt an der Wallstreet und setzte sich über Asien und ganz Europa unaufhaltsam fort: Die Kurse rauschten fast schneller nach unten als es der Anleger online und offline verfolgen konnte. Deshalb sollten Sie auf keinen Fall nur all die Faktoren **IM** Unternehmen sehen, wenn Sie sich für den Kauf von Aktien und Co starkmachen.

Politische Einflüsse wie große Krisen oder gar Kriege spiegeln sich immer am Verlauf an der Börse wieder. Obwohl man im Volksmund sagt: „Die Börse nimmt in der Entwicklung viele Daten und Fakten vorneweg" ist diese Tatsache nur halb wahr. Warum? Ganz einfach: Kein Mensch, auch der beste Experte an der Börse, kann

Kriege oder massive Katastrophen wie Überschwemmungen oder andere Umwelt-Tragödien im Vorfeld sehen. Wer dachte schon damals an eine Krise wie Tschernobyl oder andere Tragödien wie die Ölkrise vor vielen Jahren?

Genau für solche Momente sollten Sie eines mitbringen, wenn Sie Ihr Geld in ETF`s in Verbindung mit Aktien angelegt haben: Zeit und Geduld. Wer Zeit hat und nicht aus einer Panik heraus Werte verkaufen muss, ist gut beraten. Ganz im Gegenteil: Die schlauen Investoren und die cleveren Anleger kaufen dann nach, wenn die Preise günstig sind. Es zählt das Motto: „Mit dem monatlichen Einstieg an der Börse können Sie im Grundsatz kaum große Fehler begehen, wenn Sie durchhalten." Warum empfehlen das nicht nur Profis, wenn sie Fonds verkaufen möchten, die in einer Bank arbeiten?

Ganz einfach: Mit dem monatlichen Einstieg kaufen Sie sich nie zu teuer in den Markt ein. Hier werden günstige Preise genutzt – und zwar automatisch. Auf diesen Sachverhalt gehe ich jedoch noch sehr genau ein. Dieser ist das Fundament für den Erfolg in Sachen Aktien.

Es gibt jedoch noch einen wichtigen Faktor, warum Aktien und der ETF steigen oder fallen können, er hier noch nicht erwähnt ist: Allgemeine wirtschaftliche Daten, die wir in der Volkswirtschaft finden, nehmen fast immer Einfluss auf die Entwicklung der Aktien. Was gehört zum Thema der Volkswirtschaft mit dazu? Vielleicht haben auch Sie schon vom magischen Viereck gehört. In diesen 4 Punkten spiegelt sich die allgemeine Wirtschaftslage und jeder, der die Nachrichten verfolgt, kennt diese Faktoren, über die auf der ganzen Welt permanent berichtet wird. Die Faktoren sind die Arbeitslosenquote, die Entwicklung des außenwirtschaftlichen Gleichgewichtes, die Rate der Geldentwertung und auch den Wirtschaftswachstum, den wir im Form vom BIP (Bruttoinlandsprodukt) ausdrücken.

Hierbei werden bestimmte Zahlen und Charts wie der IFO-Geschäftsklima-Index oder die der Einkaufsmanger-Index zu Rate gezogen. Das Konsumverhalten aus dem Ausland können wir in bestimmten Fakten erkenne, was wiederum das außenwirtschaftliche Gleichgewicht darstellt. Ob es unserer Volkswirtschaft gut geht oder nicht, sehen Sie an jedem einzelnen Tag, wenn Sie die Nachrichten und die Wirtschaftspresse verfolgen.

Wenn wir, wie zur Zeit, eine gute Beschäftigungsquote aufweisen und die Menschen gutes Geld verdienen, kaufen sie auch gerne Waren und Dienstleistungen. Dies kurbelt die Wirtschaft an und spricht auch dafür, dass sich die Zinsen auf einem niedrigen Niveau halten werden. Natürlich stellen diese Thesen im gesamten Markt auch nur ein kleines Mosaik-Steinchen dar. Es ist, wie immer im Leben: Alle Daten, rund um Wirtschaft und Finanzen verschmelzen in einem tiefen Einklang miteinander, was wir Bürger letztendlich in der Entwicklung der Aktienkurse sehen.

So einfach ist die Frage also: „Warum steigen oder Fallen die Aktien und die ETF`s?“ nicht zu beantworten. Wer langfristig Erfolge mit Sachwerten generieren will, sollte deshalb dieses intensive Zusammenspiel verstehen – und zwar nicht erst dann, wenn er es im Nachgang in der Presse liest.

Fakt ist, wer Zeit, Geduld und bei Krisen gute Nerven mitbringt, wenn er sich in den Markt rund um die ETF`s einkauft, ist gut beraten – und das auf Dauer. Schlau zu investieren heißt, nicht alles auf eine einzelne Asset-Klasse zu setzen und sich stets ein angemessenes Polster als Notgroschen aufrecht zu erhalten.

Wie sieht es in Sachen Dividenden und Gewinne der Unternehmen aus?

Ein wesentlicher Vorteil von ETF, der Aktien beinhaltet gegenüber anderen Anlageformen wie Gold, Renten, Silber und Co besteht in einem wichtigen Faktor: Sie erhalten automatisch die Dividenden, die solide Unternehmen ihren Aktionäre ausschütten. Indirekt können Sie an jeder Gewinn-Ausschüttung so partizipieren, wie eben der Spiegel der Gewinne sich in jeder einzelnen AG ausdrückt. Dabei werden im beim ETF hinterlegten Warenkorb alle Dividenden im Durchschnitt zusammengerechnet und als Wertentwicklung dem Aktionär widergespiegelt.

Tipp
Grade deutsche Substanzwerte sind sehr lukrativ, wenn es um die Ausschüttung der Dividende geht. Wie können Sie diesen Sachverhalt einfach nachvollziehen? Das ist sehr leicht zu verstehen: Das Sigel „Made in Germany“ ist national und international hoch angesehen. Für gute Qualität geben viele Menschen gern Geld aus, weil sich diese Strategie auf Dauer auszahlt. Dies drückt sich nicht nur in den guten Exportzahlen aus, die wir in Deutschland bereits seit vielen Jahren vorweisen, sondern auch in der Zahlung der Dividende an jeden einzelnen Aktionär. So finden wir bei guten, soliden DAX-Werten, die auch Blue Chips genannt werden, oftmals Dividenden-Renditen von mehr als 2,5 %. Wer kann bei soliden Bankprodukten schon mit der Bezahlung von derart lukrativen Zinsen rechnen?
Natürlich verändert sich die Höhe der Zahlung der Dividende. Diese hängt schließlich stark davon ab, wie es rund um die AG mit Zahlen, Daten und Fakten bestimmt ist. Es kann durchaus einmal zur kompletten Aussetzung dieser Gewinn-Ausschüttung kommen. Dies finden Sie natürlich auch im Spiegel der Wertentwicklung beim ETF wider.

Dennoch ist es bei am Markt derzeit vorherrschenden Zinsen kein Problem, die Renditen am Geld- und Kapitalmarkt zu toppen. Außerdem kommen zur Dividende natürlich die Kurssteigerungen dazu, die schließlich den Hauptfaktor liefern, ob Sie mit der Anlage in Form des ETF´s Geld verdienen oder nicht!

Die Zahlung der Dividende ist also nur ein „on top“, warum sich eine Aktie lohnt oder nicht.

Übrigens: Wie das Verhältnis des Aktienkurses zur Dividende und zum Unternehmensgewinn zu betrachten ist, drückt sich in der Dividendenrendite des Wertes aus. Je höher diese zu versteuernde Rendite ausfällt, desto besser für die Gewinne, die Sie erzielen können. Welche Zahl ist noch ein guter Spiegel, der die Gewinnausschüttung der AG ausdrückt? Im sogenannten KGV, dem Kurs-Gewinn-Verhältnis, finden Sie eine Zahl die zeigt, wie hoch die Ausschüttung an den Aktionär im Vergleich zum Einstiegskurs ist.

Hier gilt jedoch: Je niedriger die Zahl im KGV, desto besser steht es um die Gewinne, die im Unternehmen erzielt werden.

Ein KGV von 13 ist also besser als einen mit 20. Die Dividenden-Rendite in Höhe von 3 % ist hingegen ein besseres Investment für den Trader oder für den Investor als die Rendite von 1 %. Aktuell sind die Renditen in Deutschland immer noch auf einem hohen Level, was auch ausländische Investoren und Trader dazu veranlasst, deutsche Qualität in Form von Aktien zu kaufen.

Sie sehen: Eigentlich ist die Logik rund um Aktien und Wertpapiere mehr als gut nachvollziehbar. Dass Aktien und die Zahlungen der Dividenden schwanken können, versteht sich von selbst. Die gute Streuung und Mischungen, die Sie mit dem ETF im Depot erreichen, spricht jedoch eine Sprache des großen Erfolges mit System.

Warum?

Wenn ein Unternehmen pleite geht und sich diese im Totalverlust eine Firma ausdrückt (siehe Insolvenz von der US-Bank Lehman), setzen Sie beim ETF niemals Ihr Vermögen auf eine einzige AG. Die Streuung im börsennotierten Fonds gleicht das Risiko der Klumpenbildung automatisch aus. Nichts desto trotz zieht der Sog rund um die Aktie durchaus Branchen oder ganze Märkte nach oben oder nach unten. Wenn Sie an den Ausschlag des Pendels denken, sollten Sie also auch beim ETF durchaus kurzfristige Schwankungen von ca. 10 % aushalten können. Also – sind ETF`s, die als Basket die Aktie hinterlegt haben, wirklich nichts für schwache Nerven?

Es ist, wie immer im Leben: Wer Ruhe bewahrt und ein hohes Maß an Gelassenheit an den Tag legt, wenn es um die Performance rund um den ETF geht, wird siegen.

Der Notgroschen für die Reserve ist allerdings immer das A und O, damit Sie beim schnellen Autokauf oder bei der Renovierung am Haus sowie bei anderen Engpässen niemals Aktien und Co unter Druck verkaufen müssen. Der Notgroschen fällt hierbei für jeden

Bürger in der Summe sehr unterschiedlich aus. Als Grundregel gilt: Ca. drei Gehälter netto sollten Sie ganz ohne Risiko auf der hohen Kante liegen wissen, wenn Sie das Girokonto nicht unsinnig und zu teuren Zinsen überziehen möchten.

Wie sieht es in Sachen Kredite und dem Investor und Trader aus? Von einer Anlageform, die aufgrund der Aufnahme eines Darlehens getätigt wird, rate ich generell ab. Warum? Kreditzinsen können Sie immer auffressen, auch wenn die derzeit am Markt vorherrschenden Zinsen nicht sehr hoch sind. Wer unbedingt Darlehen aufnehmen muss, weil er sich ein Haus oder ein Auto finanzieren will, kann sich jetzt günstig in den Markt einkaufen. Dennoch sollten Sie deshalb nicht nur investieren in Ihr Depot, weil die Zinsen für Kredite derzeit günstig sind. Auch für den ETF gilt deshalb als Fundament: Der Kauf von börsennotierten Fonds, weil das Girokonto überzogen werden muss, ist ein „No Go“, das Sie mit großer Wahrscheinlichkeit teuer zu stehen kommt. Das Änderungsrisiko rund um die Zinsen tragen Sie beim flexiblen Kredit schließlich voll und ganz bei sich selbst.

Also: Vorsicht ist die Mutter der Porzellankiste, wenn es um Wertpapiere und das aufgenommene Darlehen geht, das Sie damit verbinden.

6. Wie ist der Chart rund um die Sachwertanlage zu betrachten und welchen Stellenwert nimmt er ein?

Der Aktienchart oder das Thema Chart rund um alle ETF´s stellt sich, sehr vereinfacht ausgedrückt, in der „Fieberkurve“ rund um die Entwicklung in der Vergangenheit dar. Keine Überraschung: Geht die Kurve nach oben, war der Kursverlauf positiv in der Vergangenheit. Geht die Linie nach unten, war kein Geld mit dem Papier in der Vergangenheit zu verdienen. Dennoch sollten Sie den Chart niemals als alleiniges Kriterium für Ihre Kauf- oder Verkaufsentscheidung verwenden. Der Ausblick in die Zukunft ist mindestens ebenso dafür entscheidend, ob Sie einen Wert oder einen ETF kaufen, halten oder verkaufen möchten.

Am Chart erkennen Sie die Tendenz und auch bei einem genau deklarierten Wert die Umsätze und Schwankungsbreite, die an einem einzigen Tag vorherrschten. Fest steht jedoch, dass ein Kerzenchart nicht nur einen Einheitskurs miteinander verbindet, sondern gleichzeitig den Umsatz und die Spanne eines einzelnen Tages an der Börse ausdrückt. Mancher Chart, der in Kerzen ausgedrückt wird, weist zudem noch die Kerze, also den Balken, in einer ausgefüllten Farbe wie rot oder grün vor. Was genau hat es damit auf sich und sollten Sie lieber rote oder grüne Balken im Diagramm betrachten wollen?

Hier kann sich jeder Bürger an die Aussagen einer Ampel erinnern. Die grüne Farbe spricht für den Kauf (also an diesem Tag herrschte mehr Nachfrage als Angebot), während dieser Effekt bei rot genau andersherum zu sehen ist.

Was ist noch wichtig, wenn Sie den Balken- (andere Bezeichnung für Kerzen-) oder Linienchart betrachten? Bitte achten Sie darauf, dass Sie einen Chart möglichst über ein langes Zeitfenster hinweg begutachten. Hier gilt: Je länger, desto besser. Sie möchten schließlich auch die Zinsen oder andere Werte nicht nur auf ein oder zwei Jahren genau mit den Augen beobachten, um sich ein objektives Bild zu bilden. Aktien schwanken – hierbei sollten Sie mindestens 10 Jahre oder einen noch längeren Zeitraum im Chart zu Rate ziehen, wenn Sie sich für oder gegen den Kauf eines Wertes entscheiden möchten.

Außerdem ist es in meinen Augen elementar wichtig, dass Sie nicht nur in die Vergangenheit blicken, wenn Sie sich Ihre Depotstruktur aufbauen möchten, die Zukunftsaussichten mit sich bringen soll.

Ein einfaches Beispiel, das Ihnen verdeutlicht, wie ein Chart zu bewerten ist:

Wenn Sie mit dem Auto unterwegs sind und klaren Blick auf die Straße finden, fahren Sie auch nicht nur mit dem Seiten- oder Rückspiegel. Dieser Blick in den Spiegel ist wichtig. Mindestens ebenso wichtig ist es jedoch, dass Sie auch den klaren Blick durch die Frontscheibe bewahren – und zwar immer! Daneben sollten die Straßenverhältnisse gut sein und Sie auch durch die Seitenscheiben den Verkehr rund um sich beobachten können. Sie müssen den Witterungsverhältnissen angepasst fahren, wenn Sie sicher unterwegs sein möchten. Hier helfen alle Blicke durch die Scheiben und vor allem ihr gesunder Menschenverstand erheblich dabei weiter, wenn Sie unfallfrei unterwegs sein möchten.

So oder so ähnlich sollten Sie auch jeden Chart für Ihre Entscheidungen betrachten, wenn es um Ihr Depot geht. Je länger in die Vergangenheit Sie den Blick der Performance eines ETF`s wagen, desto fundierter Ihre Meinung. Fakt ist, dass der klare Menschenverstand niemals aussetzen darf, wenn Sie gierig oder panisch an der Börse agieren möchten. Wagen Sie den Blick in die Zukunft, wie Sie diesen auch im Straßenverkehr wagen!

Überhaupt sind Emotionen wie Gier oder Panik noch nie gute Tipps gewesen, wenn Sie erfolgreicher Börsianer werden möchten. Machen Sie es wie die Profis an Investoren oder Trader: Handeln Sie antizyklisch und kaufen Sie dann, „wenn die Kanonen donnern." Schließlich möchten wir Menschen alle möglichst Sale und Schnäppchen nutzen. Warum sollten Sie also dann verkaufen, wenn die Kurse nach unten fallen? Agieren Sie anders! Antizyklisches Handeln ist hier für den schlauen Depotanleger gefragt. Der scheibchenweise Einstieg in Form vom monatlichen Sparen mit dem ETF ist hierbei ein Gewinn fürs ganze Leben. Natürlich gibt es auch in diesem Punkt keinen Garantieschein. Dennoch stehen die Chancen damit mehr als gut, dass Sie niemals zum überteuerten Preis einkaufen. Deshalb wird im Ratgeber noch genau über diesen Punkt im Detail von mir berichtet.

Die Durchschnittslinien oder andere Signale im Chart deuten auf den Kursverlauf der Zukunft hin.

Wenn Sie sich einen Chart von Aktien einmal näher betrachten und die Charts auch vom ETF aus diversen Tools herunterladen, sind meist schon Unterstützungslinien und Kauf- und Verkaufssignale mit eingezeichnet. Gute Charts sagen mehr aus als nur eine horizontale Linie, die von links nach rechts reicht.

Es gibt Unterstützungslinien, die vor dem weiterer Kursverfall schützen sollen. Ebenso gelten Widerstände als Linie, die kaum nach oben zu durchbrechen sind. Passiert dies dennoch, deutet dies auf ein klares Kauf-Signal hin. Wenn Sie auf diversen Tools von Banken oder anderen Finanz-Anbietern sich Charts ansehen, achten Sie also darauf, dass Signale für Kauf und Verkauf mit eingezeichnet sind. Es gibt Programme, in denen Sie diverse Chart übereinanderlegen können und so jeglicher Vergleich leichter fällt, als den Chart solo zu begutachten. Spielen Sie als am Markt affiner Kunde ein wenig mit den Charts herum. Das macht Spaß und kann Sie nur in Ihrem Wissens-Schatz nach vorne bringen.

Angebot und Nachfrage bestimmen den Preis, wie sich der ETF entwickeln wird.

Längst schon wissen wir, dass gebrauchte Fahrräder, auch wenn sie noch so gut erhalten sein mögen, fast keinen Gegenwert beim Verkauf erzielen. Ebenso kauft kaum ein Bürger gebrauchte Kleidung, weil hier kaum gute Qualität für wenig Preis geliefert wird. Hier geht es nicht darum jetzt pauschale Aussagen zu treffen. Dennoch wissen Sie es längst, wenn Sie sich rund um die Märkte der Finanzen interessieren: Angebot und Nachfrage regeln der Preis. Herrscht also eher ein Bullenmarkt, ist die Nachfrage größer als das Angebot. Wenn hingegen die Bären an der Börse dominieren, ist der Balkenchart vermutlich rot ausgefüllt und es herrscht die Meinung vor, dass der Wert eher verkauft als gekauft wird. Ob wir einen Käufer- oder Verkäufermarkt vorfinden, hängt von allen Einfluss-Faktoren ab, die ich Ihnen bereits vorstellen durfte. Ganz klar: Sind die Nachrichten rund um die Banken, die keine guten Zahlen schreiben, negativ, möchten sich die Bürger tendenziell eher von der Aktie trennen als diese ins Depot zu kaufen. Dieser Faktor spiegelt sich auch, wenn auch nicht in dieser gravierenden Auswirkung eines einzelnen Aktien-Titels, vermutlich auch im ETF wider, der an der Börse gehandelt wird.

Warum sprechen wir von Bullen und Bären an der Börse?
Wenn Sie jetzt im Grundsatz verstehen, wie Sie einen Chart des ETF`s deuten können, wissen Sie: Betrachten Sie den Chart mit gut deklarierten Signalen möglichst über einen langen Zeitraum hinweg. Beachten Sie den Grundsatz: Je länger, desto besser. Außerdem gibt es die diverse Durchschnittslinien, die in Form von Tagen ausgedrückt sind (100 oder 200 Tage, nur um Beispiele zu nennen), die ein Kauf- oder Verkaufssignal erkennen lassen. Außerdem finden wir in bestimmten Formationen im Chart wie der Kopf-Schulter-Formation die Signale, die für den Kauf oder für den Verkauf des ETF`s sprechen. Sind Widerstände durchbrochen, deutet dies auf eine Trendwende hin. Manchmal können wirtschaftliche Nachrichten Angebot und Nachfrage sehr schnell durcheinanderbringen – auch beim ETF.

Um Ihnen abschließend die Frage rund um den Bären und Bullen, zwei Tieren, die vor der Frankfurter Börse in schönem Metall gegossen stehen, zu beantworten: Auch rund um diese Lebewesen können Sie sich eine einfache Eselsbrücke merken: Die Bullen heben mit ihren dicken Hörnern den Markt nach oben. Man spricht von einem Käufermarkt, an dem die Kurse tendenziell steigen. Der schwere Bär jedoch drückt den Markt nach unten. Es werde mehr Wertpapiere verkauft als gekauft. Hier fallen die Kurse – denn der Bär drückt die Preise durch den Strom der Verkäufe nach unten. Ebenso wird der Begriff Bullenmarkt oder die „Hausse“ an der Börse für anhaltend steigende Kurse verwendet. Im Bärenmarkt finden wir hingegen die „Baisse“ und die sinkenden Kurse, die die Tendenz nach unten bestimmen. Die Bronze-Skulpturen von Bulle und Bär, die vor der größten deutschen Börse in Frankfurt stehen, feierten übrigens im Jahre 2018 30-jährigen Geburtstag .

Natürlich sind diese Fakten nur ein Fundament als Grundgerüst rund um den ETF, das Sie verstehen sollten. Dennoch finde ich es elementar wichtig, dass Ihnen diese Daten geläufig sind, wenn Sie in die Märkte einsteigen möchten. Mit dem ETF können Sie verschiedene Asset-Klassen gleichzeitig in Ihr Depot kaufen. Doch – was ist eigentlich rund um Ihr Depot und um den börsengehandelten Fonds noch wichtig? Welche Kosten und Preise entstehen und viele andere Fakten mehr erfahren Sie im nächsten Kapitel. Achten Sie im Vorfeld genau darauf, wem Sie als Depotbank Ihr Geld anvertrauen und dass Sie die Kostenersparnis, die Sie durch ETF`s finden, nicht zu schnell durch hohe Gebühren wieder wettmachen.

Freuen Sie sich darauf, mit mir gemeinsam den Weg durch dieses Buch zu schreiten. Sie erfahren nun, welche ETF´s viel oder wenig Risiko beinhalten und welche Grundsätze für den Investor und den Trader genau zu beleuchten sind.

7. Das Depot und der ETF – wo sollten Sie den börsennotierten Fond verwahren?

Egal, welche Art von ETF, Fonds, Aktie, Rentenpapier (festverzinsliches Wertpapier) oder andere Art von Papier sie kaufen und an diversen Börsen ordern möchten: Die Grundlage für jedes Wertpapiergeschäft ist ein Depot. Sie können ein Depotkonto bei der Bank unterhalten, bei der Sie ihr Girokonto eröffnet haben. Die meisten Filialbanken bieten ein Depotkonto an und Sie können sogar die Order einem Berater in Auftrag geben.

Diese Methode ist jedoch oftmals die teuerste Abwicklung, ein Depotkonto zu eröffnen. Alle Filialen in Banken unterhalten Personal – dieses Personal muss erst einmal bezahlt werden. Wie ich Ihnen in diesem Ratgeber schon ausführlich geschildert habe, erwirtschaften die herkömmlichen Banken gerade wenig Erträge. Die Zinsspanne ist zu gering, als dass rein durch das Einlagen- und Kreditgeschäft bei der Bank oder Sparkasse gute Gewinne generiert werden können. Mehr denn je ist deshalb die Aktivierung des Verbundgeschäftes in den Bankfilialen gefragt.

Auch Personalkosten belasten letztendlich die Preise der Kunden. Jedes Personal, das die Bank entlässt, ist für die Gewinn-Situation der Finanzinstitute sowie Sparkassen pures Gold wert. Nicht umsonst lesen wir täglich in der Zeitung, wie viele Mitarbeiter bei Banken und Sparkassen wieder einmal entlassen werden. Außerdem schließen immer mehr Filialen der Finanzinstitute – schließlich kann sich jeder Konzern hierbei Gebäudekosten wie Miete sowie Personalkosten sparen.

Warum erzähle ich Ihnen diese jetzt alles, wenn es in diesem Buch doch um die ETF`s geht? Ganz einfach – Banken müssen schwerpunktmäßig Fonds ihrer Investmentpartner und keine ETF´s verkaufen. Obwohl Sie mit beiden Produkten ähnliche Asset-Klassen einkaufen können, ist der ETF für kaum eine Bank so lukrativ wie beim klassischen Fonds (die Gebühren, die Sie als Kunde bezahlen, sind nicht so hoch wie beim Investment-Fonds wie zum Beispiel der Union oder DWS). Somit ist klar: Meist will der Berater in der Bank seinen Fondsabsatz steigern, damit auch sein Arbeitgeber dadurch einen Mehrwert erlebt. Außerdem ist mir die Hinführung zum Thema Depot wichtig, weil sie dabei erkennen: Bei den Filialbanken sind die Depotkosten meist nicht zu verachten. Es gibt kaum eine Bank oder Sparkasse, die keine hohe Depotkosten mit Postengebühren für jedes einzelne Wertpapier, Verwahr- und Verwaltungspreise sowie die einzelnen, hohen Börsenspesen verlangt. Das Depotgeschäft von vielen Filialbanken ist teuer – schließlich können Sie hierbei auch Personal zu Rate ziehen.

Natürlich ist es immer Verhandlungssache, was Sie mit Ihrer Bank vereinbaren. Ich will hier auch nicht pauschal alle Bankfilialen schlechtreden oder habe einen Mehrwert davon, die Onlinebanken im Internet zu empfehlen. Wer jedoch mit dem spitzen Bleistift rechnet und Gebühren und Preise sparen will, ist meist gut beraten, ein Konto und Depot über das Internet zu eröffnen.

Hier können Sie rund um die Uhr ordern und sind auf keine Öffnungszeiten einer Bank angewiesen. Außerdem ist es meist für jeden Menschen, der die Märkte verfolgt und sich gerne mit dem Thema Wertpapier und ETF auseinandersetzt, ein Leichtes, bei diversen Portalen im Netz seinen ETF zu kaufen oder wieder abzugeben.

Vergleich macht reich

Die Tatsache, dass gerade Sie sich für ETF`s interessieren, spricht dafür, dass Sie als preisbewusster und sorgsamer Kunde niemals zu hohe Gebühren bezahlen möchten. Geht es uns nicht allen so, dass wir daran interessiert sind, die Performance nicht in der Rendite durch hohe Kosten verwässern zu wollen? Genau deshalb sollten Sie bei Depotkosten sehr genau vergleichen. Das Depot ist die Basis für all Ihre Transaktionen. Wer viel ordert und mit dem Aktien-ETF gern tradet und das schnell Geld verdienen will, sollte doppelt gut hinsehen, bevor er sein Depot eröffnet. Die Börsenspesen sind das, was letztendlich Ihre Brutto-Rendite schmälern wird. Da die Kosten sowohl beim Kauf als auch beim Verkauf entstehen, sollten Sie hierbei sehr genau im Vorfeld alle Preise prüfen. Gerade, wenn

Sie gerne und häufig an der Börse agieren, ist hier ein guter Vergleich von Anfang an mehr als wichtig.

Wenn Sie hingegen als Investor auf lange Sicht einen ETF kaufen, ordern Sie nicht jedes Jahr, sondern denken vielleicht sogar auf 10 Jahre oder noch länger, in dem das angelegte Kapital für Sie arbeiten kann. Hier spielen also die Börsenspesen eine eher untergeordnete Rolle, während es auf die Depotkosten natürlich **IMMER** ankommt. Diese Kosten entstehen schließlich jährlich.

Sie sind jetzt verwirrt, was Sie nun alles rund ums Depot beachten sollten, wenn Sie einen ETF kaufen möchten?

Keine Sorge – so schwierig ist es nun doch wieder nicht, das richtige Depot zu finden. Nach meiner Ansicht sollten Sie sich wohlfühlen, wenn Sie ein Konto eröffnen. Wählen Sie eine Bank Ihres Vertrauens. Wenn Sie sich in Ihrer Bankfiliale vertrauensvoll beraten fühlen und Ihnen dieser Service Geld wert ist, dürfen Sie gerne auch bei der Bank uns Sparkasse in der Filiale Ihr Depot eröffnen. Wichtig ist: Sie stehen zu Ihrer Entscheidung und fühlen sich dabei wohl, wenn Sie Ihre Finanzgeschäfte abwickeln.

Im Netz agieren zahlreiche Anbieter, die Ihnen für günstige Konditionen Depots anbieten. Vergleichen Sie hierbei alle Verwahr- und die einzelnen Orderkosten. Achten Sie darauf, dass Sie auch Mindestkosten berücksichtigen, die unter Umständen entstehen können. Gerade bei dem monatlichen Sparvertrag, den ich Ihnen in Form vom ETF dringend ans Herz lege, ist dies ein wichtiger Faktor, den Sie nicht außer acht lassen sollten.

Nun ist schon sehr, sehr viel über das Depot und die Kosten gesagt. Alles ist im Leben im Fluss – so ist es auch in der Welt rund um Ihre Finanzen. Achten Sie auf Angebote seriöser Banken, denen Sie Ihr Vertrauen schenken. Sie können bequem von zu Hause aus somit meist sehr kostengünstig Ihre Order an der Börse abwickeln.

Schritt für Schritt vom Depot zum Kauf des ETF`s

In einfachen Schritten erkläre ich Ihnen nun, wie Sie als Neuling an der Börse einen ETF kaufen. Meist ist es gar nicht schwer, selbst aktiv zu werden und sich sein Depot mit den ersten Wertpapieren als stolzer Besitzer von Aktien, ETF´s und Co aufzubauen.

Die Indexfonds (ETF) sind für die meisten Anleger ideal. Sie können damit bequem an der Börse dabei sein und ein solides Depot aufbauen. Finanztest zeigt, wie es geht: In sieben Schritten von der Depoteröffnung zur ersten Order.

Sie eröffnen Ihr Depot

Laden Sie zuerst das zur Depoteröffnung richtige Formular herunter. Meist stellt Ihnen das die Internetbank oder Direktbank online zur Verfügung. Füllen Sie es aus und legitimieren Sie sich über den Personalausweis oder den gültigen Reisepass. Meist können Sie in einer Filiale der Post unter Vorlage Ihres Personalausweises ein besonderes Verfahren nutzen, das sogenannte Postident-Verfahren. Hier bestätigt der Mitarbeiter der Post gegenüber der Direktbank Ihre Identität. Anschließend schickt der Postangestellte das Formular zum Anbieter. Schon nach ein paar Tagen erhalten Sie per Post alle Unterlagen und Daten für Ihr Onlinedepot. Schon jetzt kann es losgehen mit der Oder von ETF und Co. Natürlich ist der Weg zu einer Bank-Filiale vor Ort einfacher, gerade für nicht allzu affine Leute, die sich nicht gern mit der Technik beschäftigen. Hier eröffnen Sie schnell ein Depot vor Ort und führen mit dem Berater meist eine Klassifizierung der Risiken durch, die Sie eingehen möchten.

Einloggen und Anmelden bei Ihrem Depot

Für den Zugang zu Ihrem Depot rufen Sie meist die Internetseite der Bank auf und geben die Kontonummer ein. Nun identifizieren Sie sich mit den zugewiesenen Zugangsdaten und melden Sich mit der Geheimnummer, Ihrer PIN, an. Alle Daten hat Ihnen meist die Bank per Post zugeschickt. Bitte sorgen Sie jetzt für Schutz bei Ihrem Depot-Zugang. Was heißt das in Sachen Zugang und PIN? Sie sollten diese möglichst bald durch eine von Ihnen selbst gewählte Nummer ersetzen. Teilen Sie diese Nummern bitte niemand mit. Wenn Sie die PIN erfassen, ist bei manchen Banken ist die Eingabe mehrerer Zahlenfolgen oder Buchstaben-Kombinationen erforderlich, um zum Konto zu gelangen.

Zugang zu den richtigen Fonds

Suchen Sie sich jetzt einen Indexfonds (ETF) aus, der Ihnen zusagt. Egal, ob Sie als Basis eine ETF kaufen möchten, der den Aktienindex MSCI World, den Eurostoxx oder den DAX nachbildet: Entscheiden Sie sich durch gute Vergleiche im Vorfeld für den richtigen ETF, der zu Ihnen passt. Hier liefert dieses Buch wichtige Grundlagen, damit Sie im Vorfeld genau wissen, welcher ETF sich für Sie zum Kauf eignet. Was ist jetzt für die Erfassung der Order noch wichtig? Für den Kauf benötigen Sie die zwölfstellige Kennnummer ISIN, das unverwechselbare Merkmal von jedem Wertpapier. Außerdem bieten viele Online-Anbieter gute Tools an, in denen Sie sich im Vorfeld den sinnvollen Fonds aussuchen können.

Betrag festlegen – lassen Sie Sorgfalt gewähren

Wie viel Geld wollen Sie anlegen? Beim Börsenkauf sollten Sie am Anfang mit kleinen Summen agieren, damit Sie sich erst einmal in den Markt einfühlen. Sie können meist keine runden Beträge eingeben, sondern müssen sich für die genaue Anzahl der Fondsanteile entscheiden – und das im Vorfeld. Hier rechnen Sie einfach das um, was Sie anlegen möchten und teilen es durch den Preis, der für einen ETF bezahlt wird. Ein einfaches Beispiel zu diesem Thema: Ein Anteil des iShares-Fonds kostet etwa 40 Euro. Diesen Kurs haben Sie schon längere Zeit beobachtet. Wenn Sie rund 5.000 Euro anlegen wollen, müssen Sie also 125 Stück von dem ETF kaufen.

Börsenplatz selektieren – leicht gemacht

Entscheiden Sie jetzt, an welcher Börse der Kauf ausgeführt werden soll. Hier weisen Ihnen Seiten von Direktbanken oder Börsen wie Comdirekt.de oder Euwax.de gute Informationen zu. Das Geschäft an der Börse ist jeden Tag zu neuen Preisen und Kursen möglich. Deshalb ist es gut, wenn Sie vor Absendung der Order genau sehen, welcher Börsenplatz für Sie heute günstig ist. Das ist der maßgebliche Preis für den Käufer, der derzeit gehandelt wird. Wenn Sie hingegen Fondsanteile verkaufen wollen, sollten Sie sich nicht am Briefkurs (dieser gilt für den Kauf), sondern am Geld-Kurs orientieren. Der Abstand zwischen Geld- und Brief-Kurs wird übrigens als Handelsspanne oder Spread bezeichnet. Einen geringen Spread bietet in den meisten Fällen die Börse mit den höchsten Umsätzen (Volumen). Meist finden wir im klassischen Xetra-Handel diesen Effekt. Xetra ist der größte Börsenplatz einer Computerbörse, an der weltweit gehandelt wird.

Setzen Sie ein Limit

Bei Börsenorders sollten Sie stets ein Limit setzen und sich somit vor Überraschungen von zugewiesenen Kursen schützen. Damit können Sie vermeiden, dass Sie beim Kauf- oder Verkauf nicht den Kurs zugewiesen bekommen, den Sie sich erhofft haben. Im nächsten Kapitel gehe ich auf das Limit einer Order noch genau ein, damit Sie wissen, wie Sie hier clever agieren können. Ein Limit bedeutet zum Beispiel: Die Order wird nur ausgeführt, wenn der Preis nicht darüber liegt.

Auftrag absenden und ETF ordern

Nachdem Sie jetzt alle Daten in die Ordermaske eingegeben, gut kontrolliert und bestätigt haben, erhalten Sie diese nochmals zur Kontrolle. Achten Sie genau darauf, dass Sie jetzt alle Daten nochmals genau überprüfen. Bevor Sie den Kaufvertrag oder die Verkaufsorder nun freigeben, müssen Sie bei den meisten Banken eine vierstellige Zahl, die TAN, eingeben. Diese gilt nur für diesen einen Auftrag. PIN und TAN sind Sicherheitssysteme aller Banken, wenn Sie online aktiv werden. Natürlich ist es beim Bankberater für manchen Menschen einfacher, seinen Auftrag zu ordern. Dennoch ist dies, wie bereits ausführlich in diesem Buch erwähnt, meist eine recht kostenintensive Angelegenheit für den Trader und Investor.

Sie sehen: In diesen 7 Schritten ist es nicht schwer, dass sie sich vom Depot bis zum ersten Kauf von einem ETF als stolzer Depotinhaber selbst loben dürfen. Jetzt geht es nur noch darum, dass sie soliden Sachwerte steigen und Sie lange Zeit Freude an Ihrem ETF´s erleben werden. Schon jetzt wünsche ich Ihnen, dass Sie stets ein glückliches Händchen in Sachen Wertpapieren beweisen werden! Viel Erfolg!

Noch ein Extra-Tipp am Schluss dieses Kapitels

Es gibt immer wieder Willkommens-Angebote, wenn Sie ein neues Depot eröffnen. Das sind oft schöne Start-Geschenke von mehreren 100 Euro, wenn Sie das alte Depot in ein neues Konto übertragen. Meist richtet sich dieses Willkommens-Geschenk an Menschen, die schon etwas Erfahrung mit dem Thema Wertpapiere mitbringen. Wenn Sie also gerne einmal Ihr Depot wechseln möchten, kann sich der Übertrag des gesamten Depotwertes durchaus lohnen. Doch lassen Sie sich bitte nicht durch unseriöse Banken mit Lockmitteln zu etwas überreden, was Sie ggf. später bereuen könnten. Die Seriosität eines Finanzinstitutes, der gute Ruf und die leichte Bedienbarkeit einer guten Börsen-Software gehört zu einem guten Service rund ums Depot absolut mit dazu, damit Sie sich als Kunde vollumfänglich wohlfühlen.

Schon jetzt wünsche ich Ihnen beim Vergleich rund um die Depotkosten: Viel Freude und ein glückliches Händchen. Schließen Sie dort ab und nutzen Sie günstige Angebote, wo Sie sich am wohlsten fühlen. Oft weist und schon unser Herz und die Entscheidung aus Überzeugung den richtigen Weg, damit wir auch beim ETF und anderen Wertpapieren eine gute Hand und die perfekte Auswahl von Wertpapieren beweisen.

8. Die Order rund um Wertpapiere und den ETF – wann ist eine Limit-Erteilung sinnvoll und welche Limits gibt es? Schutz geht über Risiko!

Sie haben jetzt schon viel Wissen im Detail über den ETF und rund um das Depot erfahren. Sie können einen ETF an der Börse meist zu sehr geringen Fondskosten kaufen. Die Börsenspesen kommen individuell mit dazu. Doch: Wir sind uns alle einig darin, dass die Kosten, einen bestimmten BASKET von DAX-Werten oder Aktien, die im Dow Jones oder im S & P 500 enthalten sind, beim ETF sehr gering sind.

Genau das macht dieses Geschäft mit dem börsennotierten Fonds auch so attraktiv.

An der Börse, gerade wenn Sie mit einem ETF handeln möchten, der bestimmte Aktien hinterlegt hat, können die Kurse von diesem Wertpapier natürlich erheblich schwanken. Ganz klar: Wenn die Börse crasht und die Kurse an allen Weltbörsen nach unten rauschen, wird auch Ihr ETF nach unten fallen und Sie müssen sich mit dieser Situation abgeben. Hier ist es Gold wert, wenn Sie nicht unter Druck verkaufen und den ETF für längere Laufzeit noch im Depot liegen lassen können.

Die Volatilität ist also bei jedem ETF nicht zu verachten. Der ETF schwankt – wie die Börse auch. Ganz klar: Wenn Sie Sachwerte wie Aktien oder Rohstoffe kaufen, müssen sie die Marktlage auch mit der von Ihnen gewählten Geldanlage mittragen – und zwar voll und ganz.
Dennoch sind gerade turbulente Zeiten sinnvoll, dass Sie die Order limitiert abgeben. Warum kann eine Aktienorder mit Limit oder einer Stopp-Loss-Marke aufgegeben werden? Ganz einfach: Das schützt den Investor oder Trader davor, niemals böse Kursüberraschungen zu erleben.

Das Limit beim Kauf und Verkauf von einem ETF

Wer an der Börse billigst kauft, nimmt immer den Kurs in Kauf, der ihm dann zugewiesen ist. Billigst bedeutet, dass Sie bereit sind, für dieses Wertpapier jeden Kurs zu bezahlen, der Ihnen zugewiesen wird. Schließlich entsteht jeder Handel von Wertpapieren durch Angebot und Nachfrage. Wenn diese Punkte am Markt der Börse zusammentreffen, findet überhaupt erst ein Handel statt.

Der Einheitskurs ist meist der Kurs, der Ihnen zugewiesen wird, wenn Sie billigst kaufen.

Sind Sie jedoch nicht bereit dazu, jeden teuren Kurs für ein Wertpapier zu bezahlen, können Sie den Kauf limitieren. Was heißt das?

Ein einfaches Beispiel

Die Börse steigt und fällt am jedem Tag. Die Turbulenzen am Markt regieren längst die Welt, denn es kriselt rund um die Wirtschaft ganz gewaltig. Das reißt auch durchaus das ein oder andere Unternehmen mit, das Sie in Ihrem ETF mit einkaufen. Kurzum: Sie sind bereit, für einen ETF nur einen bestimmten Preis zu bezahlen. Sie können in Ihrer Ordern nur erfassen, dass Sie nicht mehr als einen Betrag von 40 Euro für den Fondspreis ausgeben möchten. Notiert das Papier an diesem Tage bei 42 Euro, werden Sie es nicht kaufen. Erreicht der Kurs die nächsten Tage hingegen wieder einen Wert von 40 Euro oder noch weniger, kaufen Sie. Meist ist es sinnvoll, gerade in Zeiten der Turbulenzen mit Limits an der Börse zu arbeiten. Hier werden Sie nicht mit Kursüberraschungen konfrontiert. Ein Limit kann meist bis zum Monatsende oder bis zu einem halben Jahr (bei manchen Portalen noch länger) berücksichtigt werden. Sie sichern nicht somit ab, damit Sie niemals zu teuer einkaufen. Allerdings kostet die Erfassung eines Limits oftmals eine zusätzliche kleine Gebühr. Meist ist mit 5 oder 10 Euro jedoch alles bezahlt, was zusätzlich an Limit-Kosten auf Sie zukommen kann.

Auch beim Verkauf können Sie erfassen, dass Sie **MINDESTENS** einen bestimmten Preis erzielen möchten. Im Normalfall wird eine Order beim Verkauft stets bestens für Sie abgerechnet. Wenn Sie jedoch im bestens nicht zufrieden sind, setzen Sie bitte ein Limit. Hier können Sie zum Beispiel in der Order erfassen, dass Sie mindestens 50 Euro für den Fondsanteil an Preis erzielen möchten, wenn Sie verkaufen. Nur, wenn der Preis erreicht wird oder Sie noch einen höheren Preis erzielen werden, verkaufen Sie auch an der Börse. Auch beim Verkauf ist das Limit mindestens bis zum Monatsende, je nach Wunsch sogar noch länger, gültig.

Sie sehen: Mit Kurslimits es es oftmals sinnvoll, sich vor bösen Überraschungen der Preise und Kurse zu schützen. Eines steht fest: Ist eine Order an der Börse erst einmal durchgeführt, kann diese **NIE MEHR** rückgängig gemacht werden. Geschäft ist Geschäft. Während bestimmte Möglichkeiten einer Reise- oder Flugstornierung kein Problem in unserer technisch regierten Welt darstellen, ist die Order an der Börse einfach abgeschlossen.

Es ist, wie wenn ein Markthändler Bananen verkauft: Sind die Bananen verkauft und ein Käufer hat dieser gar schon genossen und verspeist, kann diese Banane nicht mehr von einem anderen Interessenten gekauft und gegessen werden. Geschäft ist Geschäft – gerade wenn es ums Geld geht, sollten Sie deshalb jede Order genau überprüfen, bevor Sie diese absenden. So ist es auch bei der Erfassung von Limits und allen Aufträgen rund um Kauf oder Verkauf von Wertpapieren.

Die Stopp-Loss-Oder

Was das Limit eines Wertpapiers jetzt betrifft, wissen Sie, dass Sie dieses betragsmäßig festsetzen können. Was hingegen bedeutet die Stopp-Loss-Order und wann bereitet es Sinn, solch eine Order zu erfassen?

Ganz einfach: Eine Stopp-Loss-Order sichert Sie als Inhaber eines Wertpapiers ab, wenn Sie einen Kursrutsch nach unten erwarten. Wenn Sie sich also absichern möchten, weil Sie niemals zu viele Verluste einfahren möchten, erteilen Sie eine Stopp-Loss-Order.

Ein einfaches Beispiel zu diesem Thema

Sie fahren 2 Monate ins Ausland. Sie unterhalten ein paar Anteile von ETF`s die im Wert deutlich gestiegen sind. Allerdings befürchten Sie einen Kursrutsch an der Börse, da sich die letzten Monate die Wirtschaftslage erheblich verschlechtert hat. Ihr Anteil ist jetzt 60 Euro Wert, sie haben ihn für 55 Euro gekauft. Sie denken sich innerlich: „Ich habe Angst, dass der Wert nach unten abfällt. Ich würde ihn deshalb automatisch verkaufen wollen, wenn er wieder auf 55 Euro, also auf den Wert meines Einstiegskurses, zurückfällt."

Diese solide Absicherung ist durchaus sinnvoll, wenn Sie sich vor einem Kursrutsch an der Börse schützen möchten. Wenn Sie jetzt als Kunde eine Stopp-Loss-Order in Höhe von 55 Euro bei diesem Wertpapier erfassen, wird es automatisch verkauft, wenn der Preis erzielt wird. Wird das Wertpapier hingegen bei ca. 60 Euro bleiben und die Kurse entwickeln sich wider Erwartens doch besser als gedacht, passiert gar nichts. Lediglich die geringen Kosten der Eingabe vom Stopp-Loss sind von Ihnen als Kunde zu tragen. Gerade, wenn Sie sich längere Zeit nicht um Ihre ETF`s oder um die anderen Werte in Ihrem Depot kümmern können, ist dieser Schutz für viele Kunden wichtig. Die Eingaben von Stopp-Loss und Limit fördern ein beruhigtes Gefühl und können Ihnen dabei helfen, keine bösen Kurs-Überraschungen an der Börse mitzutragen.

Sie sehen: Wer sich an Limits und Stopp-Loss-Order hält, sichert sich ab. Genau aus diesem Grunde will ich Ihnen hierzu die Möglichkeiten bieten, damit es nicht zu bösen Überraschungen der Kurse nach Orderausführung für Sie kommen wird.

Welche Art von ETF sagt Ihnen zu und haben Sie Ihre erste Order bereits getätigt? Ich bin mir sicher: Nur mit den richtigen Sachwerten werden Sie der Nullzinspolitik entfliehen können und vermehren auf Dauer Ihr Geld. In den nächsten Kapiteln dieses Buches geht es um weitere Details rund um den ETF, den monatlichen Sparplan und das Startkapital, das ich Ihnen empfehlen, wenn Sie an der Börse aktiv werden wollen. Sind auch Sie jetzt schon neugierig auf diese spannenden Informationen?

Das richtige Startkapital – wie viel soll ich im ETF investieren?

Natürlich ist es jeden Anleger selbst überlassen, ob er nur einen Anteil von 40 Euro in sein Depot buchen lassen will, oder ob er eine Einmal-Anlage von 50.000 Euro oder noch mehr tätigen will, um beim ETF das schnelle Geld verdienen zu können. Schnelles Geld? An dieser Stelle möchte ich nochmals klar an Sie persönlich appellieren: Das schnelle Geld sollten Sie nicht nur verdienen wollen, wenn Sie sich in den Markt von Wertpapieren einkaufen. Trader und Investoren müssen immer wissen: Die Sachwertanlage kann schwanken. So kann es zu Turbulenzen an den Börsen kommen, die weltweit alle Börsen gleichermaßen betreffen.

Doch – malen wir den Teufel hiermit nicht an die Wand. Märkte schwanken – das ist auch gut so. Wo keine Chance auf gute Kurse, da wird es mit den niedrigen Zinsen derzeit bestraft, wenn Sie gar kein Risiko eingehen möchten. Dennoch ist das Verhältnis von Chance und Risiko immer genau abzuwägen, wenn Sie sich für die richtige Summe zum Einstieg stark machen möchten. Sicherlich überlegen Sie sich jetzt schon Fragen wie:

Wie hoch soll ich einsteigen, damit ich noch genügend Notgroschen besitze, um Geld für Reisen und Co immer auf dem Sparbuch zu wissen?
Ich kenne mich doch nicht so gut aus – wie kann ich nicht zu viel riskieren, aber dennoch die Chancen am Markt so nutzen, damit ich mein Geld vermehre?
Welche monatliche Summe muss man denn ansparen und ist nicht sehr umständlich, jeden einzelnen Monat ETF`s zu kaufen, die ich dann beobachten muss?

Diese oder ähnlich gestellte Fragen von Ihnen will ich Ihnen in diesem Kapitel genau beantworten. Es geht darum, dass Sie sich mit der Summe wohlfühlen, die Sie für die Anlage nutzen. Ist dieser Punkt schon einmal erfüllt, sage ich Ihnen: Setzen Sie niemals alles auf eine Karte. Als Neuling in Sachen Wertpapieren können Sie sich erst einmal mit kleineren Summen in den Markt einkaufen. Hierbei können Sie bereits ab 1.000 Euro einen ETF ordern oder einer noch geringeren Summe. Der große Vorteil bei dieser

Art von Geschäft besteht darin, dass Sie keine Mindestanlagesumme beachten müssen. Ist es nicht herrlich, dass es so jedem affinen Anleger auch mit kleinem Vermögen und keinem allzu großen Einkommen ermöglicht wird, sich in die Märkte einzukaufen? Ja – genau das ist der richtige Schritt für ein gutes Leben, das Sie vor allem in Freiheit und guten Gedanken ans Geld leben sollten.
Geld hin, Geld her: Eines sollten Sie niemals vergessen: Geld ist immer noch ein Zahlungsmittel. Ein Zahlungsmittel, das Sie ausgeben und nicht nur sparen sollten. Das Leben kostet Geld – Geld bietet und Sicherheit, wenn wir bestimmte Vorhaben wir Reisen oder uns andere Wünsche wie das Traumauto erfüllen möchten. Dennoch sind vom Geiz zerfressene Menschen alles andere als glücklich. Geld ist Zahlungsmittel und auch ein Mittel zum Zweck, damit Sie ein erfülltes und weitgehende sorgenfreies Leben führen dürfen.

Zurück zum Thema Startkapital, wenn es um den ETF geht. Sie können soviel ordern, wie Sie möchten. Allerdings empfehle ich Ihnen ein Startkapital, damit sich die Anlage im Depot auch lohnt und sie nicht Mindestgebühren bezahlen müssen, die Sie teuer zu stehen kommen, folgendes:

Mit einem Startkapital von 5.000 Euro in den ETF können Sie im Grundsatz wenig falsch machen. Wenn Sie dabei noch monatlich 50 Euro in einen ETF anlegen, bauen Sie sich hierbei schon ein gutes Fundament auf. Natürlich steht es mir nicht zu, dass ich in diesem Buch pauschal geäußerte Ratschläge von mir gebe. Dennoch können Sie mit kleinen Summen ein „Feeling“ für den Markt gewinnen und erst einmal ausprobieren, wie Ihnen das Geschäft rund um den ETF so gefällt.

Merken Sie sich

Bitte achten Sie darauf, dass Sie mit dem ETF jedoch, den Sie in kleinen Summen ordern, niemals zu hohe Kosten an Mindestpreisen zu tragen haben. Deshalb ist die Grundlage im Depot immer auf die Aspekte aller Börsenkosten genau zu überprüfen. Kleine

Order kosten manchmal unverhältnismäßig viel Geld für Sie – um dieser Preisfalle zu entkommen, sollten Sie von Anfang an die Orderkosten rund um Ihr Depot sehr genau durchleuchten.

Außerdem empfehle ich Ihnen als Bankkauffrau immer

Bitte setze Sie niemals alles auf eine Karte, wenn es um den Aufbau einer sinnvollen Vermögensstruktur geht. Sie sollten immer die Investition im Verhältnis zu Ihrem gesamten Vermögen beachten. Damit Sie jetzt verstehen, was ich dabei meine, liefere ich Ihnen ein paar Beispiele. Diese sollen Ihnen verdeutlichen, welche Summen für den Investor sich eigenen, der für den eher langfristigen Vermögensaufbau mit Hilfe vom ETF sorgen will. Den Trader, also den kurzfristigen Spekulanten, schließe ich in diesen Punkte aus. Warum? Er weiß meist, worum es geht und betrachtet sein Geld tendenziell als „Spielgeld" mit dem er ein wenig Freude am ETF und an der Börse erleben will.

Ein Student erbt Geld und will es sinnvoll anlegen – er schätzt die Aktienanlage und will einen ETF kaufen

Wenn dieser Student nun 15.000 Euro erbt und dies sein einziges Vermögen darstellt, sollte er nicht von der gesamten Summe ETF`s oder Sachwerte kaufen. Warum? Ganz einfach: Ein Grundstock an Geld auf der hohen Kante ist immer gut! Wenn also ein junger Mensch ganz ohne finanziellen Backround sich an Aktien und andere Sachwerte bindet, ist dies nicht der richtige Weg. Crasht die Börse oder der Student muss unter Druck verkaufen, weil er sich den Umzug finanzieren muss, muss er ggf. schlechte Kurse in Kauf nehmen. Genau um dies zu vermeiden, ist ein Polster an Reserve immer ein richtiger Weg, wenn es um den soliden Aufbau des Vermögens geht. Tipp: Eine anfängliche Investitionssumme von ca. 5.000 Euro in den richtigen ETF ist sicher ein solider Weg, damit der junge Investor die Chancen am Markt bei überschaubarem Risiko für ihn selbst nutzt. Klingt das nicht logisch?

Ein Familienvater will seine Immobilienfinanzierung in 10 Jahre komplett tilgen und versorgt als Hauptverdiener seine 4-köpfige Familie

Die Familie besitzt ein Gesamtvermögen außerhalb des Besitzes vom Reihenhaus von ca. 50.000 Euro. Diese Summe liegt auf dem Sparbuch und soll jetzt besser angelegt werden. Das Sparbuch wirft fast keine Zinsen mehr als Ertrag ab und soll umgeschichtet werden. Die Ehefrau verdient erst im nächsten Jahr wieder etwas mehr als 450 Euro pro Monat, da sie sich primär um die Familie und die Kinder sowie den Haushalt kümmert. Die Familie überlegt sich, einen Teil der Summe in Form von Aktien und ETF`s anzulegen. Was ist hier zu empfehlen? Der Notgroschen als eiserne Reserve sollte für den soliden Rückhalt der Familie sicher nicht zu gering anzusetzen sein. Außerdem sollte dem Anleger bewusst sein, dass die Summe, die angelegt werden soll, NICHT für die Tilgung des Darlehens mit eingerechnet werden sollte. ETF`s können steigen und fallen – hierbei ist die Kredittilgung in ca .10 Jahren nicht gewiss. Es wäre ein guter Tipp, wenn dieser Anleger ca. 10.000 Euro in ETF`s anlegt und sich hierbei selbst seine Erfahrungen sammelt. Außerdem empfehle ich, spätestens dann, wenn die Ehefrau wieder besser verdient als zum jetzigen Zeitpunkt, einen Sparplan in Form von einem ETF.

Ein Spekulant möchte, neben seinem Aktiendepot, endlich den Markt von Gold und Silber nutzen, um gute Erträge zu erwirtschaften

Nehmen wir einmal an, dieser Anleger hat schon einen großen Erfahrungsschatz in Sachen Geldvermögen gesammelt. Sein Einkommen liegt bei ca. 3.000 Euro brutto und der Single will in 10 Jahren eine Weltreise antreten. Für diesen Zweck will er sein Gesamtvermögen von ca. 25.000 Euro strukturiert in verschiedenen Anlage-Klassen aufteilen. Bisher unterhält er ein Aktiendepot von 10.000 Euro, das im Wert die letzten Jahre um ca. 4 % gestiegen ist.

Was ist hier zu tun bzw. welche solide Form der Anlage könnte dieser Anleger nutzen? Da dieser Bürger bereits schon affin in Sachen Wertpapiere ist, kann er ruhig Rohstoff-ETF`s kaufen. Hierbei lohnt es sich, eine einmalige Summe von ca. 5.000 Euro in einen ETF anzulegen, der zum Beispiel in Gold oder Silber investiert. Wenn der Kunde mit den Gewinnen, die mit den Aktien erzielt wurden, zufrieden ist, kann er auch den Anteil der Aktien mit ca. 2.000 Euro – 5.000 Euro aufstocken. Zur Absicherung des Depots und zum verbilligten Durchschnittspreis der Einstiegssumme in die Sachwerte empfehle ich zusätzlich, einen kleinen Sparplan mit ca. 50 Euro monatlich in einen ETF mit in den Aufbau des Vermögens einzubauen.

Ein solider Anleger, der schon Erfahrungen mit Aktien gesammelt hat, will für sein erstes Enkelkind zur Taufe 1.000 Euro anlegen

Dieses Beispiel ist klassisch darauf ausgerichtet, dass das Geld vermutlich sehr lange arbeiten kann. Hier kommt es auf die Erträge an, die auf Dauer erwirtschaftet werden sollen. Das Kind wird das Geld vermutlich erst bis zur Ausbildung benötigen. Hier ist geplant, dass der Führerschein oder das erste Auto mit dem Sparguthaben des Großvaters subventioniert werden soll. Was könnte hier ein guter Weg sein, damit eine gute Rendite erzielt wird? In diesem Falle ist klar ein kostengünstiger ETF in Form von Sachwerten sicher eine gute Option, Renditen von mehr als 5 % auf eine länger ausgerichtete Laufzeit zu generieren. Auf keinen Falle sollte der Anleger hier das Geld auf dem Sparbuch versauern lassen. Ein ETF in Form von Aktien oder Rohstoffen eignet sich, einen guten Ertrag zu erwirtschaften und dem Enkelkind zur Volljährigkeit eine Freude zu bereiten. Was denken Sie: Wie entwickelt sich eine Einmalzahlung mit Zinsenszinseffekt in Höhe 1.000,00 Euro bei einer angenommenen Rendite in Höhe von 5 % und mit einer durchschnittlichen Pauschale von Kosten? Kaum zu glauben: Der Großvater darf seinem Enkelkind zum 18. Lebensjahr eine Summe von sage und schreibe ca. **2.286,36** als Geschenk zu überreichen. Sollte die Summe nur 10 Jahre arbeiten und die Eltern würden für das 10-jährige Kind eine neues Kinderzimmer erwerben wollen, dürfte der Opa ganze 1.550,00 Euro schenken! Das Vermögen wurde hierbei um mehr als 50 % gesteigert, ohne genau auf die Veränderung von Gebühren und der Zinsen eingegangen zu sein. Klingt das nicht hervorragend? Sie sehen: Aktien und ETF´s können so flexibel angelegt werden, dass im Notfalle stets über die angesparte Summe verfügt werden darf. Gerade für Kinder ist der ETF also eine gute Möglichkeit, perfekte Renditen zu erzielen. Der Zinseszinseffekt ist ein lukratives Geschäft für den Anleger, der sich sicherlich mehr als freuen kann!

Eine junge Frau tritt ins Berufsleben ein und plant in Zukunft, vielleicht einmal im Ausland noch ein Studium zu absolvieren. Sie möchte Rücklagen mit guten Ertrag bilden und weiß jedoch nicht, wann sie über das Guthaben verfügen möchte
Diese Dame sollte, wenn Sie ansonsten wenig Ersparnisse besitzt, nicht ihr gesamtes Geld in Sachwerte investieren. Dies rate ich übrigens niemandem an – schließlich können Aktien und Co schwanken. Wenn die Frau einen Teil des Vermögens auf dem Sparbuch weiß (hier ist ein Tipp, ca. 3 Gehälter netto als eiserne Reserve einzuplanen), kann sie den Rest der Summe auch in Sachwerte in Form von Aktien oder Edelmetallen wie Gold, Silber oder Platin anlegen. Ein kostengünstiges Depot ist hierbei immer ein Vorteil (wie auch bei allen anderen Beispielen), damit die Netto-Rendite nicht unnötig gemindert wird. Wichtig ist jedoch, dass die Dame nicht DRINGEND mit einen bestimmtem Grundkapital rechnet, dass bis zum Auslandsaufenthalt gebildet werden muss. Schließlich können alle Sachwerte schwanken – diesen Effekt erkennen wir bei allen ETF`s, die in Aktien, Rohstoffe und Co investieren. Fakt ist, dass in Krisen niemals UNTER DRUCK Wertpapiere verkauft werden sollten.

Ich könnte jetzt noch viele Beispiele mehr auflisten, die Ihnen alle den gleichen Effekt liefern: Sie benötigen kein großes Grundkapital zum Start, wenn Sie Ihr Depot mit Hilfe von ETF`s aufbauen möchten. Sie könnten auch sagen: Wenn Sie ein „Depot für Faultiere" aufbauen wollen, kaufen Sie ETF´s und lassen Sie das Geld lange für sich arbeiten. Hier sind gute Erträge möglich, die sich kein langfristig denkender Anleger jemals entgehen lassen sollte. Außerdem ist es mehr als sinnvoll, dass Sie in Krisen nicht verkaufen und stets im Auge behalten: Die Sachwertanlagen können schwanken. Geraten Sie also bitte nicht in Panik, wenn die Kurse sich das ein oder andere Börsenjahr nicht so entwickeln, wie Sie es sich vorstellen.

Welche Erkenntnis ergibt sich noch aus den Beispielen, die hier genannt sind? Ganz einfach: Bitte sparen Sie monatlich. Auch der Opa, der für sein Enkelkind Geld anlegt, kann perfekt einen monatlichen Sparplan fürs Kind in die Einmal-Anlage mit aufnehmen. Warum ist dies sinnvoll? Hier erreicht jeder Anleger den verbilligten Durchschnittspreis, den er für die ETF`s beim Kauf erreichen wird. Diesen Effekt erkläre ich Ihnen jedoch noch sehr genau in einem bald folgenden Beispiel.

Resümee in diesem Kapitel

Legen Sie jetzt schon damit los, ETF´s zu kaufen. Sie können dabei, wenn Sie den Notgroschen für alle Fälle anderweitig angelegt wissen, dabei nur gewinnen, wenn Sie eines mitbringen: Zeit und Geduld! Bitte geben Sie sich also nicht länger mit niedrigen Zinsen zufrieden. Bauen Sie Ihr Vermögen so auf, dass es vor der Inflation geschützt ist. Nutzen Sie Sachwerte wie Aktien, Rohstoffe oder Immobilien. Es lohnt sich, wenn Sie Ihr Vermögen dabei in unterschiedlichen Asset-Klassen für sich und Ihre Familie arbeiten lassen!

Schlussteil

1. Der verbilligte Durchschnittspreis beim monatlichen Sparplan – ein Gewinn für fast jeden Anleger

Ich habe Ihnen schon recht viel darüber erzählt, dass sich die Sachwertanlage vor allem dann für Sie rentiert, wenn Sie monatlich sparen. Während Sie bei Aktien wie Siemens, VW, Deutsche Bank oder Microsoft kaum monatlich eine Summe sparen können, die immer gleich bleibt (jeder Aktienwert notiert schließlich immer in einer anderen Summe, die im Betrag variiert), ist der Investmentfonds oder auch der ETF perfekt dafür geeignet, monatlich immer die gleiche Summe anzusparen. Dabei können Sie den Sparplan jederzeit ändern oder komplett aussetzen.

Warum jedoch lohnt es sich gerade für die Investition in Sachwerte, dass Sie eine kleine Summe monatlich ansparen? Ganz einfach: So kaufen Sie niemals zum höchsten Preis, nämlich dann, wenn vermutlich jeder auf den Zug der Aktien aufspringen will.

Ich erkläre Ihnen anhand von einem einfachen Beispiel, warum wir im täglichen Leben gerne Schnäppchenpreise nutzen, diesen Effekt mit Aktien aber selten für uns als Vorteil generieren. Bei Aktien agieren viele Menschen völlig falsch: Sie verkaufen dann, wenn die Kurse purzeln und sie nicht mehr an einen Erfolg bei der Geldanlage glauben. Wer Verluste in Kauf nimmt und dann verkauft, wenn Krisen den Markt tangieren, handelt jedoch komplett falsch. Was ist besser? Nun das von mir angekündigte Beispiel:

Sie wissen, dass Sie einen bestimmten Whisky immer im Keller lagern und diesen für ganz besondere Anlässe genießen. Der Whisky lässt sich gut mischen und für gewissen Longdrinks verwenden. Ihre Freunde lieben Sie unter andere dafür, dass es bei Ihnen nach einem leckere Menü immer diesen besonderen Schnaps zum

Espresso nach dem Dessert gibt. Diese Spirituose kostet ca. 30 Euro pro Liter. Gerne kaufen Sie den Whisky so, dass Sie immer eine Flasche als Vorrat im Keller lagern. Das Getränk hält sich schließlich für viele, viele Jahre und gilt als Klassiker der Spirituosen. Nun gehen Sie mit Ihrem Partner oder mit Ihrer Partnerin am Wochenende spazieren und finden bei Ihrem Lieblings-Getränke-Händler, der gerne sehr hochwertige Spirituosen verkauft, genau diesen Whisky nicht für den ihnen bekannten Preis von 30 Euro im Schaufenster, sondern die Flasche Whisky kostet nur mehr 18 Euro. Ich frage Sie: Was geht Ihnen jetzt spontan durch den Kopf, wenn Sie an das Getränk denken? Nicht selten werden Sie sich Sätze denken wie: „Wow, da lege ich mir jetzt gleich einen Vorrat zu!" oder „Sehr gut – morgen werde ich gleich zumindest eine Flasche Whisky kaufen, da der Preis wirklich mehr als günstig ist!"

Dieses Verhalten ist ganz normal – nicht nur wir Bürger in Deutschland möchten immer gerne Schnäppchenpreise erzielen. Kommen wir jetzt jedoch vom Thema Whisky auf die Aktien und unser Verhalten an der Börse zu sprechen: Wenn die Kurse von Deutsche Telekom, BMW, Nestle, Softbank oder BASF purzeln und die Nachrichten rund um die Wirtschaft und Finanzen schlecht sind, sagen wir uns: „Ich verkaufe! Alle Prognosen sind schlecht – meine Preise haben sich verbilligt und ich will jetzt nicht mehr weiter zusehen, wie die Kurse weiter in den Keller purzeln!"
Sie würden also somit, um wieder zum Vergleich mit der Spirituose zurückzukehren, buchstäblich bei einer Reduzierung des Preises vom Whisky jetzt den **gelagerten Schnaps ausleeren und den Inhalt in den Ausguss kippen**. Das wäre die Reaktion wenn Sie denken: „Die Qualität ist schlecht – es wird jetzt viel zu billig, wenn ich die Ware kaufe – also schütte ich sie einfach weg, weil ich dem Schnaps nicht mehr vertraue und er mir nicht mehr schmeckt!"

Ich frage Sie: Wäre dieses Verhalten nicht unlogisch, ja, fast schon ein wenig abnormal? Ja – an diesem uns allen bekannten Waren, die wir vom „Sale" und günstigen Angeboten im Alltag kennen, wissen wir: Wenn die Preise günstiger werden, sollten wir nachkaufen und nicht verkaufen!

Genau deshalb unterstützt es auch die Aussage an der Börse, die die wahren Profis rund um die Welt der Finanzen alle unterstützen, die besagt: „Kaufe, wenn die Kanonen donnern!“

Günstige Preise sollten wir also immer zum Nachkauf nutzen, das gilt auch beim ETF. Wenn auch Sie die Qualität eines Unternehmens wie Siemens. Daimler, VW, SAP und Co nicht sofort in Frage stellen, wenn sich die Preise verbilligen, dann nutzen Sie günstige Preise zum Kauf! Der Verkauf in Krisenzeiten ist niemals ein großer Ratgeber, wenn Sie nachhaltig Ihr Vermögen auch bei ETF´s steigen sehen möchten.

Die Psychologie an der Börse

Folgender Punkt ist wichtig, damit Sie Vertrauen in die Börse gewinnen: Lassen Sie Ihre Gefühle im Strom der Allgemeinheit nicht an der Börse walten. Leider hat die Vergangenheit gerade beim deutschen Bürger gezeigt: Viele Menschen verkaufen unter einer Emotion der Panik heraus, wenn die Nachrichten rund um Wirtschaft und Börse nicht rosig ausfallen. Wenn jedoch auch der letzte Börsianer zu Höchstkursen in den Sog der Euphorie eingetaucht ist und jeder Aktien kauft, dann denken sich viele: „Jetzt kaufe ich auch. Die Kurse sind zwar teuer und sehr hoch, doch ich will auch mit dabei sein, wenn ich gute Renditen mit Aktien und Co erwirtschaften kann!“.

Im Klartext: Wir Menschen handeln unter der Emotion von Gier oder Panik. Diese Gefühle jedoch sind komplett falsch, wenn Sie diese in Verbindung mit Geldanlagen ausleben möchten. Wie agieren hingegen die wahre Profis und Experten rund um Fonds hingegen? Sie handeln antizyklisch. Also: Kaufen Sie dann, wenn die Kurse günstig sind. Nehmen Sie Gewinne mit und freuen Sie sich über einen erzielten Ertrag, wenn die Kurse von ETF´s gestiegen sind.

Manchmal sind wir zu gierig und können mit 10% oder 20 % Ertrag nicht zufrieden sein. Ein einfaches Beispiel:

Ist der ETF, den Sie zu 50 Euro pro Anteil gekauft haben, jetzt auf 55 Euro gestiegen, erleben Sie eine innerliche Euphorie! In dieser Euphorie denken Sie sich, dass der Kurs sicher immer weiter und weiter steigen wird. Bei 57 Euro denken Sie sich: „Klasse, jetzt habe ich mehr als 10 % Ertrag in kurzer Zeit erzielt. Eigenlicht wäre ich mit 10 % Zins vollkommen zufrieden, doch ich denke, ich werde weiterhin mit steigenden Kursen beim ETF rechnen können! Nehmen wir einmal an, der Kurs steigt kurzfristig noch auf 58 Euro pro Anteil. Danach kommt eine Wirtschaftskrise, die uns immer wieder alle paar Jahre in Europa einholt. Der Kurs fällt – obwohl die Unternehmen, die als AG`s im ETF hinterlegt sind, durchaus als solide gelten, können sie sich dem Sog der negativen Nachrichten nicht wirklich entziehen. Schnell rauscht der Kurs auf 50 Euro, danach hält die Krise an den Märkten rund um die Finanzen noch weiter an. Der Kurs sinkt auf unter 45 Euro pro Anteil und Sie sagen sich: „Hätte ich doch nur verkauft! Jetzt ist der Kurs unter meinem Einstiegswert und ich habe Verluste mit dem ETF erzielt! Schade – ich lasse in Zukunft lieber ganz die Finger von Aktien, Rohstoffen und dem ETF!"

Ist es auch Ihnen schon selbst beim Börsenhandel so ergangen oder haben Sie ein vergleichbares Beispiel von Bekannten oder Freunden gehört?

Jeder Mensch, der schon etwas Erfahrungen mit einem Depot gesammelt hat, kann ein Lied davon singen. Er weiß, dass man einfach niemals zu gierig werden sollte und Gewinne an der Börse realisieren soll. Außerdem purzeln die Kurse oft schnell nach unten, was für allgemeinem Frust auch beim ETF in einer Krise sorgen kann.

Nun habe ich in diesem Kapitel etwas ausgeholt in weite Ausflüge in meine Praxis, in der ich als Vermögensberaterin gearbeitet habe. Auch mir selbst ist es schon so ergangen, dass ich nicht mutig genug war, zu günstigen Preisen bei negativer Presse rund um die Wirtschaft zu kaufen. Ebenso beweist kein Mensch immer das glücklichste Händchen dabei, Gewinne mitzunehmen und mit 10 % Ertrag zufrieden zu sein. Die Gier ist oft groß! Ebenso ergreift und eine Panik, wenn wir Aktien im Depotwert das ein oder andere Jahr in ihrem Wert schrumpfen und nicht steigen sehen.

Deshalb stelle ich Ihnen nochmals folgende Grundlagen als Basis vor, damit Sie antizyklisch handeln und clever an der Börse agieren. Reagieren Sie nicht mit der Masse – trauen Sie sich, die Tipps der schlauen Profis in der Welt der Finanzen zu teilen. Clevere Börsianer sagen Ihnen, wie Sie es richtig machen, damit auch Sie Ihre Chancen gut nutzen können, wenn es um den ETF geht:

Wenn Sie einen Wert kaufen, setzten Sie sich ein Limit, mit welchem Gewinn Sie zufrieden sind. Angenommen, um beim Beispiel zu bleiben, Sie kaufen einen Anteil von 50 Euro von einem ETF. Sie denken sich innerlich: 10 % Ertrag ohne Spesen wären schön. Wenn der Anteil also auf 55 Euro steigt, dann werde ich ihn verkaufen! Steigt jedoch der Anteil an, müssen Sie auch VERKAUFEN und nicht aus einer Gier heraus noch weiter warten, ob sich der Anteil ggf. noch positiver für Sie entwickelt. Sind Sie zufrieden mit 10 % Gewinn. Verfolgen Sie im Anschluss den Kurs nicht weiter. Freuen Sie sich über den Ertrag und gönnen Sie sich davon ein kleines Geschenk.

Bitte bewerten Sie BUCHGEWINNE oder BUCHVERLUSTE, als die Zahlen, die rein im Depotauszug zu finden sind, niemals als realisierte Werte. Natürlich fällt und steigt der Preis in Ihrem Depot. Das sehen Sie auch, wenn es um den ETF geht. Allerdings sind es niemals reale Gewinne und Verluste, die Sie erzielt haben, wenn sie nicht aktiv das Papier im Depot verkaufen. Nehmen Sie also den Kursverfall an der Börse nicht allzu ernst. Meist erholen sich die Werte wieder, wenn Sie nicht panikartig verkaufen. Bringen Sie als Investor rund um die Börse vor allem eines mit: Geduld und Zeit.

Wie sieht es aus, wenn wirklich eine Krise am Markt vorherrscht? Keine Frage – Krisen und schlechte Nachrichten rund um Volkswirtschaft und Finanzen gehören in unser Leben. Die Geschichte rund um die Aktien zeigte in den vergangenen 20 Jahren zwei große Krisen, die ganz Europa und vor allem Deutschland ergriffen hat: Die Finanzmarktkrise, die 2008 eingeleitet wurde und die

Dotcom-Blase zur Jahrtausendwende. Hier rauschten die Kurse schnell in den Keller. Wer hier auf solide Substanzwerte und Blue Chips gebaut hat und diese Werte nachgekauft hat, hat sich mittlerweile eine goldene Nase verdient. Machen Sie es also, wie die Profis an der Börse: Kaufen Sie dann, wenn die Nachrichten schlecht sind. Nutzen Sie günstige Preise zum nachkaufen – egal, was die Masse sagt!

Wenn Sie sich absichern möchten, arbeiten Sie an der Börse mit Limitierungen. Nutzen Sie die Stopp-Loss-Order, wenn Sie das Geld in Zukunft benötigen, das in ETF`s angelegt ist. So schützen Sie sich vor dem weiteren Kursverfall und steigen dann aus, wenn die Kurse noch günstig sind.

Sie fragen sich jetzt, wie man es denn schaffen kann, immer zu wissen wann die Preise teuer oder billig sind? Mit dieser Frage stellen Sie eine clevere Denkweise unter Beweis. Klasse, dass auch Sie jetzt nicht mehr mit der Masse schwimmen möchten und in Panik verkaufen wollen oder in der Gier niemals mit den Gewinnen an der Börse zufrieden sein werden. Ich stelle Ihnen nun vor, warum es gut, ist, regelmäßig ETF`s zu kaufen. Denn hier erfolgt ein automatischer Effekt, dass Sie stets günstige Kurse nutzen, um automatisch zu guten Kursen Ihr Depot aufzubauen.

Sie wissen nun, dass ein rein emotionales Handeln unter Gier und Panik falsch ist. Allerdings geht es Ihnen sicher so, wie vielen Börsianern: Sie können sich nicht rund um die Uhr mit den Märkten beschäftigen. Sie verbringen Ihre Zeit mit Ihrer Familie, im Job und möchten nicht rund um die Uhr Ihr Depot verwalten. Sie wünschen es sich, immer ruhig schlafen zu können und nutzen die Zeit für sich und den Genuss im Leben, weil sie sich nicht nur um die Nachrichten und Ihr Depot kümmern möchten. Ergeht es auch Ihnen so? Sicher kennen Sie diese Gedanken....

Genau deshalb schlage ich Ihnen vor: Kaufen Sie in regelmäßiger Form, zum Beispiel in Form von einem monatlichen Sparplan, immer wieder einen Anteil von einem ETF. Welcher Basket als Benchmark dabei hinterlegt ist, diese Entscheidung können Sie selbst treffen. Wie erwähnt, ist die Aufteilung in verschiedenen

Asset-Klassen und Märkte bei Aktien oder Rohstoffen immer ein großer Vorteil. So mischen Sie Ihr Vermögen richtig und setzen niemals aufs falsche Pferd!

Welchen Mehrwert erzielen Sie, wenn Sie regelmäßig in Form von ETF`s sparen?
Sie kaufen hierbei niemals zum teuersten Kurs und nutzen die Volatilitäten am Markt, damit Sie stets zu guten Kursen nachkaufen. Hierbei ergibt sich der so berühmte Cost-Average-Effekt. Was heißt dies genau? Stellen Sie sich vor, Sie tanken zweimal im Monat Ihr Auto. Für diesen Zweck fahren Sie regelmäßig zur Tankstelle und bezahlen den Preis für Benzin, der aktuell ausgewiesen ist. Sie werden hierbei einmal günstige und dann wieder teurere Preise erfahren. Im Durchschnitt jedoch kaufen Sie auch immer dann, wenn die Preise günstig sind. So ist auch der Effekt beim regelmäßigen Kauf von ETF`s. Sie sind immer wieder an guten Kursen beteiligt, zu denen Sie vermutlich nicht kaufen müssten, wenn Sie gerade an dem Tag die Finanzen nicht beobachten. Die Menschen sind von Natur aus bequem. Sie beschäftigen sich nicht rund um die Uhr mit Wirtschaft und Finanzen. Möchten auch Sie die Zeit genießen und nicht bei günstigen Preisen wieder eine neue Kauforder an der Börse erfassen? Dann kaufen Sie regelmäßig und legen Sie einen Sparplan in Form von einem ETF an.

Die Erfahrung, auch bei meinem persönlichen Vermögensaufbau als Bankkauffrau zeigt: Kein Mensch will sich jeden Monat mit Geldanlagen beschäftigen und kauft immer den ETF, wenn es günstige Kurse am Markt zu nutzen gäbe. Wir sind rund um die Uhr beschäftigt im Job, mit der Familie oder verbringen Zeit auf der Straße, um von A nach B zu kommen. Dabei hören wir die Nachrichten und vergessen wieder, was hier berichtet wird. Kein Mensch findet immer Zeit, regelmäßig an der Börse zu handeln und clever auf den Markt zu reagieren. Die Tatsache zeigt jedoch: Wenn Sie regelmäßig sparen, werden Sie als großer Sieger bei der Geldanlage hervorgehen! Wer schlau spart und jeden Monat weiß, dass Geld in die Märkte in Form von Sachwerten fließt, nutzt automatisch stets gute Einstiegskurse zum Kauf.
Wissen Sie, wie es mir persönlich geht, wenn ich an meinen

Sparplan in Form eines Aktien-ETF`s denke?
Ich freue mich über negative Meldungen in der Wirtschaft. Natürlich ist mir klar, dass der Depotwert als Buchverlust vermutlich erst einmal keine Freuden-Tänze in mir veranlassen wird. Dennoch weiß ich: Ich kaufe nach und nutze die Kurse. Wenn ich die nötigen Rücklagen besitze, stocke ich meinen Sparplan in der Höhe von derzeit 70 Euro sogar noch auf. Ich schieße vielleicht 1.000 Euro nach und möchten den Schnäppchenpreis in solide Substanzwerte nutzen. Mit dem regelmäßigen Sparen binde ich mir ganz sicher niemals einen Klotz ans Bein – ganz im Gegenteil: Der Sparplan schenkt mir eine Gewissheit, Schritt für Schritt das Vermögen aufbauen zu können. Wie sagte schon meine Großmutter? Spare in der Zeit, dann hast Du in der Not. Es müssen nicht die großen Summen sein, die auch Sie regelmäßig in Form eines ETF`s sparen, damit sich ein solider Vermögensaufbau auch in Zukunft ergeben kann. Sparen Sie so, damit Sie ruhig schlafen können. Beginnen Sie mit Ihrem regelmäßigen Sparplan am besten dann, wenn Ihr Gehalt gebucht ist. Sparen Sie erst einmal eine geringe Summe und sehen Sie dabei, wie es Ihnen persönlich damit ergeht.
Wie heißt es so schön? Kleinvieh macht auch Mist. Wer spart, wird siegen.

Nochmals die wichtigsten Vorteile eines Sparplanes in Form von einem ETF
Sie kaufen hierbei automatisch immer zu sehr verbilligten Preisen gute Substanzwerte ein.
Der ETF orientiert sich immer an einer Benchmark, zum Beispiel an einem Index wie dem DAX oder dem S & P 500. Unternehmenspleiten sind hier zwar niemals ganz ausgeschlossen, allerdings werden in den Indizes stets marode oder insolvente AG`s durch gute, solide Werte mit guten Zukunftsaussichten ersetzt. Das Leben rund um die Börse verändert sich – ein ETF bringt den Vorteil mit sich, dass Sie automatisch gute Substanzwerte kaufen, die im Vergleichsindex hinterlegt sind.
Wenn Sie regelmäßig sparen, merken Sie das kaum am Stand Ihres Girokontos. Mit kleinen Beträgen sorgen Sie somit für den guten Vermögensaufbau, der es Ihnen ermöglicht, sich den ein oder anderen Traum zu erfüllen.

Sie können die Chancen an den Märkten automatisch immer nutzen, ohne viel Zeit mit Geldanlagen verbringen zu müssen.
Der Spardauerauftrag kann regelmäßig gelöscht, erhöht oder gesenkt werden. Sie sind absolut flexibel und können ganz ohne zusätzlich entstehenden Kosten den Sparplan zu jeder Zeit verändern.

Jeder Depotinhaber darf so sparen, wie es zu ihm passt. Der Auswahl von diversen ETF`s, die in gute Sachwerte investieren, sind fast keine Grenzen gesetzt. Der ETF streut das Vermögen ganz automatisch, dass Sie niemals alles auf ein Pferd setzen. Wie heißt das Zauberwort an der Börse, das jeder Anleger kennen sollte? Diversifikation! Mischen Sie automatisch Ihr Vermögen, indem Sie verschiedene ETF`s kaufen, die das Risiko der Inflation aushebeln.

Der Sparplan eignet sich für Kinder und Erwachsene. Sie dürfen für die Altersvorsorge mit ETF für ein gesichertes Leben in der Rente sorgen.
Sie müssen den
Sparplan nur einmal erfassen und er wird dann bis auf Widerruf so lange ausgeführt, bis Sie diesen selbst verändern möchten. Das hilft Ihnen dabei, sich nicht permanent mit Geld und Finanzen beschäftigen zu müssen. Wie heißt es so schön? Nutzen Sie das Geld, um sich die ein oder andere Lebensfreude zu gönnen. Geben Sie Geld aus und genießen Sie das Leben. Wer nur über Geldanlagen nachdenkt und sich rund um die Uhr damit beschäftigen muss, könnte vielleicht seine Zeit mit freudigeren Dingen verbringen. Der monatliche Sparplan zeigt, dass Sie mit wenig Aufwand Ihr Geld für sich arbeiten lassen – und das auf Dauer!

Welche Kosten entstehen, wenn Sie einen ETF an der Börse ansparen?

Natürlich wissen Sie längst, dass Börsenspesen bei immer wiederkehrenden Aufträgen anfallen. Sicher könnte jetzt auch bei Ihnen der Eindruck entstehen, dass bei kleinen Beträgen von 50 Euro monatlich oder vierteljährlich stets die Mindestgebühr an der Börse zu entrichten ist. Deshalb an dieser Stelle folgender, aktueller

Tipp für Sie: Die Comdirekt oder Flatex bieten meist monatlich sparplan-fähige ETF`s an, die Sie keine zusätzlichen Börsenspesen kosten. Informieren Sie sich also genau, wenn Sie Preise und Gebühren sparen möchten und mit dem ETF Gewinne erwirtschaften wollen. Wie bereits mehrfach in diesem Buch erwähnt, dreht sich die Welt rund um die Finanzen immer wieder wie ein Rad der Innovation. Genau aus diesem Grunde dürfen Sie sich selbst als Anleger immer wieder schlau machen, welche Portale gute Kurse und wenige Kosten verursachen. Also – sparen Sie clever und nutzen Sie die Chancen rund um den Markt.

An diesem großen Kapitel rund um dem verbilligten Einstiegspreis und den monatlichen Sparplan sehen Sie: Es lohnt sich allemal, regelmäßig in Form von einem börsennotierten Fonds das Geld anzulegen. Natürlich ist die Einmal-Anlage immer ein guter Einstieg, den Sie selbst mit einem geringen Startkapital wagen können. Zum Schluss kommt der top Bonus-Tipp für alle Menschen, die einmalig einsteigen möchten und Ihr Vermögen mit einem kleinen **„Schutzbrief“** der Sicherheit veredeln möchten:

Der Bonus-Tipp für besonders schlaue Investoren rund um den ETF

Legen Sie einmalig Geld an. Sparen Sie zusätzlich einen geringen Sparplan in den genau gleichen ETF an. Somit können Sie die einmalig angelegte Summe, zum Beispiel 5.000 Euro, automatisch mit absichern. Wenn Sie mit 50 Euro Sparplan diese Summe veredeln, wissen Sie, dass Sie NIEMALS zum höchsten Preis investieren. 50 Euro pro Monat werden Ihnen kaum große, finanzielle Schmerzen bereiten. Sie verbilligen automatisch den Durchschnittspreis an der Welt rund um die Börse. Steigen die Werte hingegen, freuen Sie sich immer wieder mit dabei zu sein, wenn Sie Gewinne erzielen. Mein Extra-Tipp also für schlaue Börsianer: Kaufen Sie ETF`s und schenken Sie sich selbst den Schutzbrief dafür, indem Sie monatlich zusätzlich im selben ETF sparen. Sie können den Sparplan jederzeit verändern oder löschen. Ich frage Sie also: Was haben Sie schon dabei zu verlieren, wenn Sie clever sparen und Schritt für Schritt für den soliden Vermögensaufbau sorgen?

2. Altersvorsoge mit ETF – welche Möglichkeiten eigen sich hierbei für jeden Investor?

Sie haben jetzt schon sehr viel über den ETF erfahren. Vermutlich ist es Ihnen klar, dass Sie als Einsteiger an der Börse keinem Bankberater Ihr Vertrauen schenken müssen, damit Sie mit guten Substanzwerten Ihr Geld vor der Inflation schützen. Nehmen Sie Ihr Schicksal selbst in die Hand und vertrauen Sie auf ETF`s.

Wie Sie wissen, können Sie bereits mit einem geringen Startkapital und einem kleinen Sparplan für den Vermögensaufbau mit Struktur sorgen. Mit dem ETF diversifizieren Sie Ihr Vermögen so, dass Sie bei Krisen so streuen, damit es wohl kaum zum Totalverlust kommen kann.

In diesem Kapitel zeige ich Ihnen zudem, wie wichtig es ist, mit dem ETF für den Aufbau Ihrer Altersvorsorge zu bauen. Warum sterben Versicherungen immer mehr aus, wenn Sie keine gute Rendite aufzeigen können? Keine Überraschung: Die Versicherungsgesellschaften müssen ebenso mit den niedrigen Zinsen leben, wie wir alle in Deutschland und in ganz Europa. Während die klassische Lebensversicherung einen Todesfallschutz bietet, der für den ein oder anderen Verbraucher durchaus sinnvoll ist, ist die Chance auf eine gute Performance bei der klassischen Versicherung nicht mehr allzu hoch. Am Geld- und Kapitalmarkt machen die niedrigen Zinsen, die schon seit langer Zeit in Deutschland und in ganz Europa vorherrschen, vielen Bürgern längst einen gehörigen Strich durch die Rechnung. So sind die erwirtschafteten Erträge für den Anleger die letzten Jahre stetig zurückgegangen. So mancher Investor hat sich in der Vergangenheit stark darüber geärgert, dass aus den prognostizierten zahlen mit Überschüssen von einer Versicherung von ca. 80.000 Euro Einmalzahlung bei Eintritt in den Ruhestand schnell einmal nur 65.000 Euro geworden sind. Ganz klar: Dafür kann der Versicherung kein großartiges Verschulden nachgewiesen werden. Wenn nur noch zu schlechten Zinsen Geld angelegt werden kann, das für die Rente zur Aufbesserung dienen soll, konnte man in der Vergangenheit nicht zaubern. Sachwerte sind die Lösung der Zukunft. Doch: Was ist, wenn eine Versicherung keine Aktien oder Rohstoffe oder keinen einzigen ETF kaufen kann? Ganz klar: So manche Gesellschaft denkt längst um und bietet dem Versicherungsnehmer auch den Zutritt zu den Sachwertanlagen mit guten Renditechancen.

Allerdings können Sie es hier weitaus einfacher so flexibel gestalten, dass Sie Ihre Altersvorsorge sehr individuell aufbauen: Kaufen Sie selbst einen ETF und bauen Sie hierbei auf lange Sicht Ihre Altersvorfreude auf. Altersvorfreude? Ja – dies ist kein Werbespruch einer Versicherung! Mein Wunsch wäre es, dass Sie sich auf Ihr Alter freuen. Freuen können Sie sich nur, wenn Sie gesund bleiben und die nötigen finanziellen Reserven vorfinden, damit Sie ein schönes Leben in der Rente verbringen dürfen. Wie heißt es so schön? Die 5. Jahreszeit sollte für Sie so gestaltet sein, dass Sie Ihr Vermögen für Ihren Vorteil nutzen – und das mit gut erwirtschafteten Renditen.

Sie haben jetzt sehr viel über die Märkte verstanden und in diesem Ratgeber verinnerlicht. Allerdings steht es außer Frage, dass mit herkömmlichen Sparprodukten schon seit vielen Jahren kaum mehr ein guter Ertrag zu erwirtschaften ist. Wenn Sie sich nicht auf einen Berater verlassen möchten, können Sie online ETF`s ordern, damit Sie in Sachwerte wie Aktien oder Rohstoffe investieren. Diese Möglichkeiten öffnen neue Chancen für Sie. Sie müssen keinen teuren Fondsmanager bezahlen, der Ihr Vermögen verwaltet und Kosten dafür bezahlen. Der ETF spiegelt die Benchmark genau im Verhältnis 1 : 1, für die Sie sich interessieren und sich dafür entscheiden. Wichtige Tipps für die Auswahl des hinterlegten Index finden Sie ergänzend in den folgenden Kaptiteln meines Buches.

Mir ist wichtig, dass Sie erkennen: ETF`s eigenen sich hervorragend zum Aufbau Ihrer Altersvorsorge. Dabei bleiben Sie flexibel, egal ob Sie 20, 30 oder 40 Jahre Ihr Geld ansparen. Sie können übrigens den Sparplan nicht nur in einem monatlichen Turnus anlegen. Viele Depots ermöglichen es, dass Sie vierteljährlich, halbjährlich oder jährlich sparen. Allerdings ist der Variante des monatlichen Sparens für die meisten Bürger bequem und gut kalkulierbar. Wenn Sie dabei schon Summen ab 50 Euro ETF anlegen können, ist dies sicher für jeden Bürger eine Summe, die er sich leisten kann.

Die Renten sind alles andere als sicher. Ich will hier keine Panik verbreiten, doch ich frage Sie:
Möchten Sie bis zum 67. Lebensjahr arbeiten oder vielleicht noch länger?
Haben Sie sich den letzten Rentenbescheid schon einmal genau durchgelesen und dabei erkannt, welche Rente Sie wirklich erwarten könnten, wenn Sie ab jetzt nicht mehr arbeiten könnten?
Wie wird sich die Zukunft entwickeln, wenn immer mehr Menschen später ins Berufsleben einsteigen und im Gegenzug die Leute tendenziell immer älter und älter werden? Der gesundheitliche Fortschritt der Medizin ist ein Segen. Dennoch ist der demografische Wandel nicht das schönste Element, das für eine solide soziale Renten in der Zukunft sorgen wird. Bauen Sie also selbst sich Ihr Vermögen auf. So wissen Sie, dass Sie sich im Alter bequem zurücklehnen können.
Können Sie sich im Alter, wenn Sie endlich Zeit haben, Reisen zu unternehmen und Geld für schöne Hobbys auszugeben, wirklich das leisten, was Ihr Herz begehrt?

Denken Sie einmal darüber nach, wenn Sie an Ihre Zukunft denken. Mit ETF`s können Sie flexibel und kostengünstig am Markt agieren. Sie müssen keine teuren Versicherungsmakler bezahlen oder sich auf eine sehr lange Laufzeit hinweg betrachtet binden. Sie sind selbst Frau oder Herr Ihres Depots und dürfen Ihren Sparplan so flexibel gestalten, dass es zu Ihnen und zu Ihren aktuellen Lebenszielen passt.

Wann sollten Sie mit der Altersvorsorge beginnen?

In meinen Augen zählt hier die Devise: Je eher Sie mit dem monatlichen Sparen für Ihre Rente beginnen, desto besser. Der Zinseszinseffekt ist enorm, wenn Sie auch nur eine geringe monatliche Sparrate von nur 25 Euro monatlich für sich arbeiten lassen. Dabei können Sie den Sparplan sehr flexibel verändern. Beim ETF können Sie, je nachdem, wie Ihre Zukunftspläne aussehen, stets eine gewisse Zeit im Ausland leben oder bei einem Studium den Sparplan einstellen. Die Zeit, in der Sie in jungen Jahren schon einen Grundstock in Ihrem Vermögen aufgebaut haben, wird gute Renditen für Sie erbringen. Fakt ist: Wenn Geld lange arbeiten darf, ist es immer mit guten Dividendenerträgen und Kurssteigerungen möglich, dass Sie hierbei Ihre Rente auf solide Beine stellen.

Also: Bauen Sie nicht ausschließlich auf die gesetzliche Rente. Nutzen Sie auch Subventionen vom Staat in Form von Direktversicherungen oder anderen steuerlichen Vorteilen. Wenn Sie dann noch möglichst mit geringen Kosten in Sachwerte mit Zukunft investieren möchten, sind Sie mit dem ETF mehr als gut bedient. Wer den ETF in Form von Sachwerten nutzt, schützt sein Vermögen vor der Geldentwertung und nimmt automatisch am Wirtschaftswachstum teil. Was denken Sie? Werden wir auch in 15 oder 20 Jahre noch gute Produkte wie Autos, Smartphones, PC`s Waschmaschinen und viele Medikamente und Lebensmittel brauchen? Sicher beantworten Sie diese Frage mit einem klaren :"JA!"

Wenn dem so ist, dann wissen Sie dass wir alle weltweit eines brauchen: eine florierende Wirtschaft. Selbst, wenn es gewissen Unternehmen wegen Insolvenzen in 15 oder 20 Jahren nicht mehr geben wird: Diese Konzerne werden durch andere Firmen ersetzt. Auf der ganzen Welt brauchen wir DRINGEND eine florierende Wirtschaft, damit wir existieren und befreit leben können. Wenn Sie nicht nur die Gewinne der Wirtschaftsbosse unterstützen wollen und selbst an den Zukunftsaussichten rund um die Wirtschaft partizipieren möchten, dann werden Sie um den Kauf von Aktien und ETF´s nicht herumkommen. Aktien werfen Gewinne wir Dividenden und Kurserträge ab. Wenn Sie in ETF´s das Vermögen gemischt anlegen und es möglichst lange für sich arbeiten lassen, wie dies bei der Altersvorsorge der Fall ist, werden Sie auf Dauer siegen. Siegen – mit Garantie für die Altersvorsorge?

Nein – Garantieschein kann auch ich Ihnen hier keinen ausstellen. Allerdings sprechen viel mehr Gründe dafür als dagegen, dass auch Sie mit Aktien und ETF`s gute Chancen nutzen werden. Wenn Sie

Geduld und Zeit mitbringen – die Elemente, die wichtig sind wenn es um die Vorsorge für Ihre Rente geht – stehen die Chancen mehr als gut, dass Sie ca. 6 % oder noch mehr Rendite auf eine lange Sicht von über 20 Jahre erwirtschaften werden.

Übrigens

Wie sieht es in Sachen Steuern aus, wenn es um die Erträge rund um den ETF und die Altersvorsorge geht?

Natürlich sind alle Erträge, die der ETF einmal im Jahr für Sie aufweist, der Steuerpflicht unterlegen. Sie werden also einmal pro Jahr dazu aufgefordert, alle Erträge die Sie mit dem ETF erwirtschaftet haben, in der Einkunftsart „Einkünfte aus Vermietung und Verpachtung“ zu deklarieren. Hierbei gelten keine speziellen Steuerspar-Tipps für die Altersvorsorge. Es gibt jedoch auch keine nachgelagerte Besteuerung einer Rente, die wir in Form der umstrittenen Riester- oder Rüruprente kennen. Fakt ist, dass Sie als ehrlicher Steuerbürger jedes Jahr ohnehin eine Steuererklärung abgeben. Die Einkunftsart „Einnahmen aus Kapitalvermögen“ wird hierbei einfach um die erwirtschafteten Erträge vom ETF ergänzt. Sie sehen. Auch in steuerlicher Hinsicht ist die Geldanlage rund um den ETF nicht besonders kompliziert.

Tipp

Sie sehen: Die Altersvorsorge ist wichtig. Der große Vorteil vom ETF besteht darin, dass Sie flexibel und kostengünstig vorsorgen können. Obwohl die Anlage nicht subventioniert vom Staat wird (die ist zumindest per 2019 die aktuelle gesetzliche Bestimmung) bauen Sie hierbei mit einer ehrlichen Sachwertanlage Ihr Vermögen auf. Warten Sie nicht, bis andere an Ihre Rente denken. Nehmen Sie Ihr Glück selbst in Ihre Hand. Wenn es um den Aufbau Ihres soliden Vermögens mit Struktur geht, gehört auch die Altersvorsorge als wichtiger Baustein mit dazu!

3. Das 1 mal 1 für den Einsteiger in den ETF mit wichtigen Antworten auf alle Fragen

Es ist schön, dass Sie nun umfangreiches Wissen rund um die Sachwerte und um die Geldanlage mit dem ETF gesammelt haben. Sie haben sich jetzt einen großen Überblick verschafft, warum die Sachwertanlage nicht nur in Deutschland wichtig ist. Ihnen ist klar, dass der Einkaufsmanger-Index und das BIP (Bruttoinlandsprodukt) wichtige Zahlen liefern, dass es uns wirtschaftlich in Europa gut geht – mehr als das. Wird im eigenen Land über Geld und Sozialleistungen gejammert, lamentieren wir auf einem hohen Niveau. Wie heißt es so schön? „Wir jammern im Champagnerglas!"

All diese Fakten sprechen auch in naher oder ferner Zukunft nicht dafür, dass die Zinsen steigen werden. Mehr denn je setzen deshalb die meisten Bürger auf die Sachwertanlage mit Substanz. Eine Immobilie in einem Wert von 100.000 Euro oder mehr kann sich nicht jeder Mensch sofort leisten. Genau deshalb sollten Sie die Ausweichmöglichkeiten der anderen Sachwerte für sich persönlich zum großen Nutzen machen. Hierbei sind vor alle die Aktien eine mehr als gute Option, wie sie an den Märkten sinnvoll partizipieren können, ohne ein zu hohes Klumpenrisiko einzugehen. Doch: Welcher ETF ist für den Einsteiger und Neuling in Sachen Depot genau der Richtige? In diesem Kapitel biete ich Ihnen wichtige Ideen und Tipps für Ihre Praxis!

Welchen Index sollten Sie als Einsteiger rund um das Thema ETF für sich bevorzugen?

Als Einsteiger an der Börse sollten Sie, nach meiner Ansicht, vorzugsweise in den Aktienmarkt investieren. Der Rohstoffmarkt ist für den Neuling an der Börse oft wenig greifbar. Außerdem ist die Nachfrage nach Rohstoffen und damit der verbundene Handel mit dieser Anlage-Klasse nicht ganz so intensiv wie mit den bewährten Aktien. Der Index MSCI World oder der MSCI World Emerging Markets ist hierbei ein guter Rat, weil Sie hier auf der ganzen Welt in die Märkte investieren. Während der erstgenannte

Index in solide Subtanzwerte der Industrieländer in den USA, in Europa und auf der ganzen Welt investiert, beinhaltet der MSCI World Emerging Marktes noch zusätzlich die Schwellenländer. Diese Entwicklungsländer in Asien, Afrika und auf der ganzen Welt bringen einen entscheidenden Vorteil mit sich: Sie bieten enorme Chancen für den Wachstum, sind jedoch auch größeren Gefahren als die Industrieländer ausgesetzt.

Möchten Sie sich in einen sehr überschaubaren Markt mit Hilfe vom ETF einkaufen? Hierbei empfehle ich Ihnen, dass Sie in DAX-Titel wie BASF, SAP, Deutsche Bank, VW und Co investieren. Manche Bürger wollen einfach das Sigel „Made in Germany" mit stolzer Brust präsentieren. Was spricht dagegen, diese Tatsache auch voll und ganz bei der Auswahl der Depot-Struktur unter Beweis zu stellen?

Wer auf die globale Welt in Europa baut, kann sich einen Index mit der Benchmark vom Eurostoxx 50 oder dem Eurostoxx 600. Auch Europa ist ein globaler Markt, dem viele anständige Bürger in Deutschland und in ganz Europa ihr Vertrauen schenken. Der Vorteil von diesem bei einem ETF hinterlegten Index besteht darin, dass Sie keine Währungsrisiken eingehen und auf Werte wie Nestle, Swisscom und Co bauen.

Nach meiner Meinung und der Meinung von vielen Experten besteht der Grundsatz für jeden Einsteiger, an den er sich halten sollte: Kaufen Sie das, was Sie kennen! Während die Auswahl einer einzigen Aktie von BMW oder BASF immer bedeutet, dass sie voll das unternehmerische Risiko dieser einzelnen Firma mittragen, ist der hinterlegte Warenkorb bei einem ETF immer ein Vorteil für den Neuinvestor. Allerdings sollten Sie nur diese Benchmark wählen, die Sie persönlich vollumfänglich unterstützen.

Ein weiterer Tipp für den Neuling beim Thema ETF lautet: Bitte kaufen Sie für die Summen den ETF, mit der sie gut und gerne mit einem Totalverlust rechnen könnten. Totalverlust? Natürlich möchten Sie sicherlich niemals einen totalen Verlust oder eine wertlose Nullbuchung in Ihrem Depot in Zukunft erleben. Fakt ist jedoch: Wer auf Nummer sicher gehen möchte, rechnet die nächste

Zeit nicht mit dem Geld. So könnte er es also auch im ganz extremen Falle verlieren. Mit dieser Einstellung können Sie den ETF als „lockeres Spielgeld“ betrachten und sammeln so, Schritt für Schritt, die ersten Erfahrungen mit dieser Geldanlage im Depot.
Als Empfehlung können Sie also eine Summe von zum Beispiel ca. 1.000 Euro als Anlage ins Depot legen und sich hierbei einfach einmal an das Thema heranwagen. Wer diese Einmal-Anlage noch mit dem Sparplan verfeinert, wird garantiert zum verbilligten Durchschnittspreis auf lange Sicht sein Vermögen aufbauen – und das mit solider Struktur der Substanzwerte. Investieren Sie immer so, dass Sie sich dabei wohlfühlen und auch Ihr Gefühl voll und ganz dahintersteht, wie Sie Ihr Vermögen aufbauen möchten.
Bewahren Sie sich **IMMER** die nötige Reserve eines **Notgroschens**, über den Sie dann verfügen können, wann Sie möchten – und das ganz ohne Verlustrisiko. Dieses Geld sollten Sie auf einem Tagesgeld oder dem Sparbuch hinterlegt wissen.
Es versteht sich von selbst, dass Sie sich natürlich für den Weg eines Depot entscheiden, der Ihnen zusagt und mit dem Sie auf Dauer schnell am Markt reagieren können. Die meisten Kunden nutzen deshalb den günstigen Vertriebsweg in Form einer Direktbank, die Sie einfach im Internet finden können. Welche Anbieter sind hier nach aktueller Lage zu fokussieren? Eröffnen Sie ein Online-Depot und legitimieren Sie sich so, wie es in diesem Buch vorgestellt ist. Besonders günstige Konditionen bieten die Flatex, die Comdirekt oder die Onvista Bank. Außerdem können Sie auch die DKB, die Consorsbank oder die ING. Diba nutzen, die alle günstige Kosten beim Depot aufweisen. Wer sich hingegen trotz höherer Preise bei einer Bankfiliale wie die Sparkasse, eine Volksbank oder die deutsche Bank sie vorweist wohler fühlt, kann selbstverständlich auch hier seine ETF`s kaufen und clever an der Börse handeln.

Wenn Sie sich im ersten Schritt also einen guten ETF aussuchen, der den Warenkorb spiegelt, mit den Sie sich besonders gut identifizieren können, liegen Sie damit goldrichtig. Außerdem sollten Sie sich erst einmal mit dem Markt ein paar Wochen beschäftigen und den Kursverlauf anhand bestimmter leicht zu findenden Tools verfolgen, bevor Sie kaufen. Wie Sie wissen kann ein Kauf und jedes Geschäft an der Börse nie mehr rückgängig gemacht werden.

Mit welcher Rendite können Sie bei der Asset-Klasse Aktie auf eine Sicht von 10 Jahren oder einen noch längeren Zeitraum rechnen?

Auch hier sollten Sie vorsichtig mit Ihrer Erwartungshaltung umgehen. Renditen von 10 % oder mehr können wir durchaus im ein oder anderen Jahr erwarten. Dennoch sollten Sie, auf lange Sicht als Investor, immer vorsichtig rechnen. Hierbei ist eine Aussicht von ca. 5 % pro Jahr im Durchschnitt ein durchwegs anständiger Zins, der bei weitem jede Geldanlage derzeit toppt. Krisen an den Aktien werfen den Markt durchaus einmal um 20 % nach unten. Meist benötigt es einige Monate, wenn nicht gar Jahre, damit sich die Kurse wieder erholen. Diese Risiken müssen Sie mit einkalkulieren – ich erinnere Sie an die Nennung des Uhrpendels in diesem Ratgeber. Was ist noch wichtig, wenn Sie die Renditen langfristig beobachten? Nehmen Sie sich bitte einen Chart her, wenn Sie bestimmte Aktien oder Märkte der letzten Jahren genau kennenlernen möchten.

Übrigens

Ihr ETF ist noch nicht vor so langer Zeit aufgelegt worden und Sie möchten nicht nur die letzten 3 Jahre betrachten, wie sich der Wert genau entwickelt hat? Nehmen Sie den Chart vom hinterlegten Vergleichsindex her. Da der ETF ganz genau diesen Index spiegelt und kein Manager hier irgendwelche anderen Gewichtungen der Aktien vornimmt, liegen sie mit dem Chart vom Indexgenau richtig. Je länger sie den Chart zurückverfolgen können, desto besser sehen Sie die letzten Jahre, wenn nicht gar Jahrzehnte, alle Schwankungen rund um diesen Wert, für den Sie sich interessieren.

Nach meiner Ansicht und nach der Meinung von so manchem Finanzexperten, der Ihnen nicht nur im Sinne der Bank ein Produkt verkaufen möchte, sollten Sie nie unüberlegt und schnell handeln. Wenn es um Ihre hart verdienten Ersparnisse geht, sind guter Rat und eine sinnvolle Überlegung im Vorfeld nicht teuer, sondern un-

bedingt notwendig. Den Fehler den viele Einsteiger jedoch begehen, liegt jedoch auch im Gegenteil von dieser These: Wer sich nur informiert und für viele Monate Finanznachrichten liest und nie handelt, wird auch kaum bei der gewählten Geldanlage verdienen, die er nur von außen betrachtet. Zu zurückhaltend sollten Sie also an der Börse nicht agieren, wenn Sie der Falle der Geldentwertung entkommen möchten – und das auf Dauer!
Also, folgende drei Schritte sind in meinen Augen elementar von Bedeutung, damit Sie mit ETF´s Geld verdienen können:

Informieren Sie sich über die Märkte und die Kosten eines Depots, das Ihnen zusagt.
Eröffnen Sie ein Depot. Je nach Affinität in Sachen online und der Identifizierung über den Postweg können Sie hierbei sofort oder innerhalb der nächsten 3 Tage nach Depot-Eröffnung Ihren ersten ETF kaufen.
Sie unterhalten bereits ein Depot? Nutzen Sie, wenn das Depot für Sie kostengünstig ist, mit diesem Konto den Kauf der ETF`s Ihrer Wahl.
Kaufen Sie dann den ETF Ihrer Wahl und beobachten Sie diesen, ohne in Panik zu verfallen, wenn die Kurse fallen. Auch die Euphorie und die Gier nach mehr und mehr Geld ist kein guter Rat, um an der Börse clever zu agieren und beim Verkauf zu reagieren. Gelassenheit, Geduld, Ruhe und Besonnenheit sind Werte im Leben von uns Menschen, die auch beim Vermögensaufbau einen großen Stellenwert einnehmen. Wie heißt es so schön? Handle überlegt und dann zählt die Weisheit: keep cool!
Gerade als Neuling an der Börse sollten Sie ans Investieren und nicht an das Traden denken. Worin genau besteht der Unterschied? Nochmals zur Vertiefung für Ihr Wissen: Der Investor denkt in Zeitschritten von mindestens 5 Jahren, wenn er mit Aktien und Co Geld verdienen möchte. Der Trader hingegen will den schnellen Euro verdienen und beobachtet täglich die Märkte. Wenn Sie sich neu in das Thema der ETF`s einfinden möchten, ist es in meinen Augen sinnvoll, langfristig zu denken und sich von Turbulenzen an der Börse nicht aus der Fassung bringen zu lassen. Klingt das nicht logisch?
Sie sehen: Es ist keine große Kunst, als Privatanleger die ersten

Schritte zum Depot zu wagen. Mit ETF`s streuen Sie Ihr Vermögen so, damit Sie niemals das Risiko einer einzelnen Aktie zu tragen haben. ETF`s haben sich längst in der großen Welt der Finanzen durchgesetzt – völlig zurecht, wie ich finde!

Worin besteht der Unterschied genau von aktiv und passiv gemanagten Fonds?

Sicher denken auch Sie, dass ein klassischer Investmentfonds die gleichen Werte kauft, die Sie in einem börsennotierten Fonds finden werden. Bitte lassen Sie sich von einem Berater nicht davon überzeugen, einen herkömmlichen Fonds zu kaufen. Während der ETF das Anlageziel erfüllen wird, die genau Nachbildung des Referenzindex zu erreichen, will der Investmentfonds, der von einer Investmentgesellschaft herausgegeben ist, diesen Index schlagen. Viele Berater werben deshalb mit Sprüchen wie: „Die Fondsgesellschaft ist besser als der Index wie DAX oder Eurostoxx 50. Unsere Fondsmanager sind ihr Geld wirklich wert, das sie verdienen!"

Dabei sollten Sie als besonderen Tipp beachten, dass sich gerade Banker immer die besten Jahre aussuchen, um den Kunden zu überzeugen. Sie möchten selbst einen fairen Vergleich wagen und neutral vergleichen? Dann legen Sie den Chart von einem Investmentfonds, den Ihnen die Bank empfiehlt, neben den Chart der Benchmark. In guten Toos wie Fondsweb können Sie zusätzlich auswählen, alle Kosten, die rund um den Fond entstehen, mit einbeziehen. Das ist fair und diesen Aspekt sollten Sie auf eine lange Sicht, sinnvollerweise, betrachten.
Während die laufenden Kosten bei einem ETF meist bei ca. 0,2 % bis 0,5 % pro Jahr liegen, kostet der aktiv gemanagte Fonds, den Ihnen die Bank anbietet, ca. 1,5 % pro Jahr. Natürlich sind dies nur Richtwerte, an die Sie sich in einem groben Raster orientieren können. Auch die Anschaffungskosten, sprich, der Ausgabeaufschlag liegt bei ETF nur bei ca. 0,25 %, während Sie beim Investmentfonds einmalig bis zu 5 % bezahlen müssen. Manche passiv gemanagte Fonds verlangen außerdem eine Gewinnbeteiligung, wenn die Benchmark geschlagen wird, in der Höhe von bis zu 20 %. Da sich der börsennotierte Investmentfonds genau in dem Verhältnis

der Entwicklung des Vergleichsindex bewegt, entfällt hier natürlich jegliche Gewinnbeteiligung, die der Anleger zu bezahlen hat.

All diese Vorteile vom ETF gegenüber dem klassischen, aktiv gemanagten Fonds sprechen für sich. Sie bezahlen keinen Fondsmanager oder andere Personen, die sich indirekt um das Management Ihres Vermögens kümmern. Der börsennotierte Fonds orientiert sich an einem einfachen Computerprogramm, das genau die Rendite für Sie als Investor spiegelt, die der Vergleichsindex zeigt.

Also: Wenn Sie sich für die Märkte interessieren und die Sachwertanlage nutzen möchten, können Sie sich mit kleinen Beträgen in den Markt einkaufen. Bekommen auch Sie ein Gespür für den Markt rund um den ETF.

Sie denken sich: Aktien und Rohstoffe sind jetzt zum Einstieg viel zu teuer?

Natürlich weiß kein Mensch, auch wenn er noch so belesen in den Märkten rund um die Finanzen ist, niemals, welche Schwankungen es in naher oder ferner Zukunft geben wird. Nutzen Sie Ihr eigenes Gefühl, um sich im ersten Schritt scheibchenweise in den Markt einzukaufen. Sparen Sie monatlich und legen Sie nur kleine Summen an.

Ein Beispiel
Sie überlegen sich, sich mit 5.000 Euro in den Markt einzukaufen. Dennoch sind Sie sich nicht genau sicher, ob es jetzt der richtige Zeitpunkt ist, in Gold oder in Blue Chips am internationalen Aktienmarkt einzusteigen. Hier dürfen Sie gerne die nächsten 5 Monate einen Sparplan mit genau 1.000 Euro pro Monat einrichten. So ist das Risiko niemals zu hoch, genau zum teuersten Preis die Anteile vom ETF zu kaufen. Wenn Sie nach den 5 Monaten den Dauerauftrag im Depot noch auf 50 Euro pro Monat reduzieren und eine kleine Summe monatlich ansparen, sorgen Sie automatisch für den renommierten Vermögensaufbau mit Zukunft.

4. Wie sieht Ihr persönliches Depot für „Faultiere“ aus?

„Eine richtige Sparsamkeit vergisst nie, dass nicht immer gespart werden kann. Wer immer sparen will, der ist verloren, auch moralisch!“

Dieses wunderschöne Zitat vom Dichter und Philosoph Theodor Fontane, der von 1819 – 1898 lebte, spricht eine ganz eigene Sprache, die Sie sicher verstehen.

Es soll in diesem Buch über ETF´s in keinem Falle so erscheinen, dass Sie sich jeden Groschen beiseite legen müssen, damit Sie eines dabei vergessen: zu leben!
In meiner Praxis in der Vermögensberatung hatte ich sehr häufig mit Kunden zu tun, die sich fast Tag und Nacht mit dem Thema rund um die Finanzen beschäftigt haben. Sie wollten ihr Geld vermehren und waren gieriger denn je, wenn die Kurse gestiegen sind. Auch dann, wenn sie nicht gewünschten Renditen mit ihrem Vermögen erzielt haben oder die Zinsen aufgrund der volatilen Märkten gefallen sind, waren die Anleger frustriert und unglücklich. Manchmal dachte ich mir damals: „Wie schön ist es, nicht nur mit Sorgen rund ums Geld beschäftigt zu sein!“

Genau deshalb denke ich persönlich: Leben Sie und genießen Sie jeden einzelnen Tag, der Ihnen geschenkt wurde! Befreien Sie sich von permanenten Gedanken und Sorgen rund ums Geld und Ihre Existenz.

Natürlich übermittle ich Ihnen in diesem umfangreichen Ratgeber viele Tipps und Tricks rund um das Sparen und die strukturierte Anlage von ETF`s. Mir ist es, ganz in Ihrem Sinne, wichtig, dass Sie niemals in eine Art von Armut geraten oder sich vom deutschen Sozialnetz auffangen lassen müssen. Planen Sie jetzt schon Ihr Einkommen in der Rente und sorgen Sie mit Sachwerten dafür, dass Sie sich nicht über die Inflation aufregen müssen.

Das Leben ist zu schön und viel zu kostbar, sich mit schlechten Gedanken zu beschäftigen. Leider habe ich bei sehr gierigen und geizigen Menschen oft erlebt, dass diese rund um die Gedanken ums Depot und Ihr Geld regelrecht zerfressen von Negativität waren.

Bitte nicht! Betrachten Sie, trotz aller Vorschläge rund um die Sparmaßnahmen und die Struktur in Ihrem Depot einen wichtigen Grundsatz: Geld ist ein Zahlungsmittel, das Ihnen ermöglicht, ein möglichst sorgenfreies Leben zu führen. Es ist, wie beim Thema Essen: Wir sollten das Mittelmaß bewahren, damit wir uns gesund und nach bestem Gewissen ernähren. Der Genuss eines so ungesunden, absolut überteuerten Kuchen aus der Konditorei gehört jedoch ebenso für den ganz besonderen Augenblick in unserem Leben mit dazu, den wir nie vergessen werden!

Im Klartext: Ein Depot für „Faultiere“ ist genau die richtige Methode für alle Menschen, die nicht den ganzen Tag ans Geld denken möchten. Bitte bedenken Sie also immer, dass alle Asset-Klassen so für Sie und den Vermögensaufbau arbeiten können, dass Sie faul an der Sonne liegen dürfen. Leben Sie! Arbeiten Sie so, dass Sie genügend Geld haben, das Leben zu genießen – und das in vollen Zügen.

Wie kann ein Depot für „Faultiere“ so strukturiert werden, damit Sie ruhig schlafen können und Ihr Leben so genießen, wie es Ihnen gefällt?

Hier ein paar Beispiele zu diesem Thema, die Ihnen sicher in gleicher oder ähnlicher Form bekannt vorkommen:

Sie möchten monatlich 200 Euro sparen und hatte noch nie in der Vergangenheit mit Sachwerten oder ETF´s zu tun. Sie haben ca. 8.000 Euro an Grundvermögen, das Sie jedoch nicht anlegen möchten, weil Sie bald einen Umzug planen und das Geld hierbei in Teilen benötigt wird. Wie könnten Sie die 200 Euro als Sparplan aufteilen?

Damit Sie Ihr Geld vor der Inflation schützen, sind natürlich Sachwertanlagen genau die richtige Option. Allerdings müssten Sie die 200 Euro nicht in einen einzigen ETF anlegen. Wenn Sie sich in Zukunft sorgenfrei zurücklehnen möchten, können Sie zum Beispiel folgende Aufteilung der Sparsumme wählen:
Legen Sie 50 Euro in einen sehr langfristig orientierten aktien-basierten ETF an. Hier wählen Sie einen weltweiten Index wie den MSCI World oder den Eurostoxx 600.
Weitere 100 Euro könnten Sie in den Markt in Deutschland für den Vermögensaufbau nutzen. Der DAX als Haupt-Index, den wir alle kennen, wird täglich in den Nachrichten dargestellt. Ebenso langfristig sollten Sie hierbei Unternehmen wie Deutsche Telekom, EON, Siemens und Co betrachten. Freuen Sie sich auf die Dividenden als Zusatzertrag, den gerade die guten, deutschen Unternehmen an die Aktionäre ausschütten – und das in jedem Jahr!
Wie können Sie die restlichen 50 Euro gewinnbringend sparen? Auch hier eignet sich es, einen kostengünstigen ETF auszuwählen. Wenn Sie sich hier der Märkte für die Rohstoffe grundsätzlich öffnen, haben Sie Ihr Vermögen mit dem monatlichen Sparen perfekt in diverse Asset-Klassen aufgeteilt.

Beobachten Sie als „Faultier" die Märkte so, wie es Ihnen behagt. Lassen Sie sich durch Turbulenzen oder Krisen nicht verunsichern und nutzen Sie, auch wenn die Märkte fallen sollten, immer wieder den verbilligten Preis für den Einstieg. Was ist, wenn die Aktien und Rohstoffe steigen? Dann freuen Sie sich über erzielte Gewinne und gönnen Sie sich den ein oder anderen ganz besonderen Moment in Ihrem Leben! Diesen haben Sie sich redlich verdient!

Sie möchten 10.000 Euro anlegen, Ihr Gesamtvermögen beläuft sich auf ca. 40.000 Euro. Sie haben bereits erste Erfahrungen am Aktienmarkt gesammelt und möchten jedoch nicht mit in Einzeltitel investieren. Ihr Depot ist aufgelöst und Sie überlegen sich, als „Faultier" nicht jeden Cent auf die Goldwaage zu legen und möchten eine einfache Anlagestrategie nutzen. Welche Möglichkeiten könnten Sie hierbei zu Ihrem Vorteil machen?

Wenn es Ihnen gar nicht auf Depotkosten ankommt und Sie auch nicht gerne online ordern, weil Sie hierbei die Sicherheit vermutlich in Frage stellen, zählt das Motto: Ordern Sie bei Ihrer Bankfiliale persönlich vor Ort den Kauf von ETF`s. Hier können Sie die Chancen sinnvoll nutzen und ein Banker gibt Ihnen den Auftrag so ein, wie Sie es sich wünschen. Allerdings sollten Sie sich selbst im Vorfeld ein wenig rund um den Markt der Finanzen informieren, damit Sie das richtige Produkt kaufen. Kein Banker wird Ihnen freiwillig eine Beratung zu einem ETF liefern. Sicher will er Ihnen den Investmentfonds verkaufen, bei dem die Bank und er selbst Provisionen erhält. Sie sind selbst affin beim Online-Depot und ordern selbst per App oder am Desktop? Kaufen Sie für die Summe von 10.000 Euro ruhig zwei oder drei verschiedene ETF`s. Warum ist dies wichtig? Natürlich haben Sie längst verstanden, dass Sie somit Ihr Vermögen noch breiter streuen und somit das Risiko deutlich minimieren.

Sie möchten Ihre Aktien mit Gewinnen verkaufen und sind etwas genervt, immer wieder Post von der Bank zu erhalten. Letztendlich ist Ihr Depot mit einem gesamten Wert von ca. 20.000 Euro zwar gestiegen, doch Sie möchten eine einheitliche Struktur in Ihre Finanzen bringen. Die Teilnahme an Hauptversammlungen ist Ihnen nicht wichtig. Vielmehr möchten Sie die Chancen nicht nur in Deutschland nutzen, sondern interessieren sich auch für Schwellenländer mit guten Ertrags-Chancen mit Zukunft. Welche Möglichkeiten ergeben sich hierbei für den bequemen Anleger?

Da Sie einen Rückhalt von einer Immobilie, die schuldenfrei ist, im Hintergrund wissen, können Sie ruhig die 20.000 Euro wieder voll und ganz am Aktienmarkt investieren. Ebenso ist das Sparguthaben in Höhe von 15.000 Euro ein gutes Polster, das Ihnen als ordentlich verdienender Mensch reicht. Sie können also all Ihre einzelnen Aktien-Titel verkaufen und sich für 3 bis 4 verschiedene ETF`s stark machen. Da Sie bereits wissen, dass Aktien Risiken mit sich bringen, müssen Sie die Märkte auch nicht täglich verfolgen.

Ein einfacher Vorschlag für diesen Anleger

Legen sie 10.000 Euro in einen ETF an, der den Weltindex MSCI Word spiegelt.

Ebenso dürfen Sie sich mit ca. 5.000 Euro in Schwellenländer einkaufen, die im MSCI Word Emerging Marktes gespiegelt werden. Die weiteren 5.000 Euro können Sie entweder in Rohstoff-ETF`s anlegen oder hierbei weitere Märkte erobern, die Sie ggf. interessieren.

Gerade dann, wenn Sie bereits Erfahrungen als Aktionär gesammelt haben, können Sie Ihre Struktur im Vermögen verfeinert, wenn Sie das Terrain von neuen Märkte mit besten Wachstumschancen betreten.

Sie sehen an diesen einfachen Beispielen: Die Struktur kann sehr vielseitig aufgebaut werden, wenn Sie sich in den Markt der ETF`s einkaufen. Streuen Sie Chancen und Risiko und setzen Sie niemals alles auf ein einziges Pferd. Wetten, dann kann auch beim Zuwachs von Ihrem Vermögen nichts mehr schiefgehen?

5. So legen Sie Ihr Geld richtig an – welche Fehler sollten Sie vermeiden?

Wenn es jetzt an die Praxis geht, ist aktives Handel gefragt. Hierbei will ich nochmals intensiv an Sie appellieren, dass Sie sich nicht durch die Meinung von Bekannten oder Freunden beeinflussen lassen sollten. Wie oft haben Sie schon Sprüche gehört wie:

„Hör mit auf mit Aktien! Da sollte man wirklich nur investieren, wenn man sich gut im Geschäft auskennt!"

„Ich lege mein Geld jetzt einfach unters Kopfkissen. Die Zinsen sind schlecht und ich möchte auch kein Depot eröffnen. Außerdem haben meine Bekannten schon viel Geld an der Börse verloren. Ich habe viel zu viel Angst davor, dass es mir ähnlich ergehen könnte!"

Doch auch andere, allzu euphorische Aussagen sind Gift für Ihre persönliche Meinungsbildung. Ich schildere Ihnen jetzt ein paar Aussagen, die auch Sie sicher in selber oder ähnlicher Form schon manches mal in Ihrem Leben vermutlich gehört haben. Sie lauten folgendermaßen:

„Aktien sind klasse! Hier kann man sich an der Wirtschaft beteiligen und die Dividenden, die derzeit gezahlt werden, steigen sicher immer weiter. Schließlich geht es den Unternehmen rund um Deutschland und Europa doch **immer nur** sehr gut, oder?"

„Ich denke, dass Gold und andere Edelmetalle am besten vor Krisen schützen. Da ich jetzt in Form von einem ETF auch kostengünstig Gold kaufen kann, werde ich damit sicher in Zukunft gute Gewinne erzielen!"

„Ich werde meine Sparguthaben jetzt komplett auflösen und in Aktien anlegen. Der so niedrige Zinssatz ist einfach nicht mehr mit anzusehen. Wenn ich wirklich Geld für den Autokauf brauche oder ich die ein oder andere unerwartete Ausgabe zu tragen habe, dann kann ich den ETF schließlich schnell und ohne Wenn und Aber an der Börse wieder verkaufen!"

Diese oder ähnliche Aussagen sind nicht nur überzogen, sondern basieren nur aufgrund EINER EINZIGEN MEINUNG. Die Meinung von anderen Menschen zu übernehmen ist jedoch niemals im Leben der richtige Weg, wenn Sie Ihr Vermögen vermehren möchten. Nach meiner Ansicht und der Meinung von vielen Experten ist es immer der solide Weg, sich eine objektive Meinung selbst zu bilden. Nutzen Sie also auch ruhig die Beratung in der Bank aber überlegen Sie sich genau, was Sie abschließen und welche Anlage-Klassen Ihren Vorstellungen gerecht werden.

Mit der Anlage in Form von ETF`s gehen Sie immer ein gewisses Risiko ein. Deshalb ist der Notgroschen als eiserne Reserve stets wichtig, damit Sie Ihr Geld dann ohne großen Gedanken über Kursrutsch und Co so ausgeben können, damit es Ihnen keine Bauchschmerzen bereitet.

Clever sparen heißt sich erst einmal zu überlegen, ob Sie ein konservativer, ein wachstumsorientierter oder ein chancenbewusster Kunde sind. Tendenziell gehen junge Menschen mehr Chancen ein, wenn Sie an eine lange Laufzeit denken, in der Sachwerte systematisch dem Vermögensaufbau dienen. Wer Zeit und Geduld in Sachen Geldanlage mitbringt, wird vermutlich mit Aktienerträgen sich immer im Leben große und kleine Wünsche erfüllen dürfen. Allerdings gibt es sie niemals, wenn es um Ihr Vermögen geht: die eierlegende Wollmilchsau, die alles kann.

Kaufen Sie sich also Schritt für Schritt langsam und stetig in die Märkte ein. Streuen Sie Ihr Vermögen, denn wir kennen es im Winter bei Glatteis in Deutschland: Wer streut, rutscht nicht aus!

Welchen Fehler sollten Sie bitte nicht begehen, wenn Sie sich in die ETF`s einkaufen möchten?

Bitte kaufen Sie nicht aus einer puren Emotion heraus. Gefühle wie Gier oder Panik haben in der Vergangenheit oft zur großen Fehlentscheidung geführt. Möchten auch Sie Ihre Entscheidung

schon Morgen nicht bereuen? Dann überlegen sie clever und handeln Sie überlegt. Arbeiten Sie mit Limits und lassen Sie sich von der Meinungen von anderen Menschen nicht zu stark beeinflussen. Es geht schließlich um **Ihr** Geld!
Beobachten Sie als Investor bitte nicht stündlich die Kurse. Gerade in der Euphorie am Anfang, wenn Sie zum ersten mal ETF`s in Depot legen, möchten Sie sicher schnell wissen, wie sich die angelegte Summe entwickelt. Wie sagte schon der ungarische, uns allen Bekannte Börsianer Andres Kostolany? „Kaufe Aktien, schlafe ruhig und viele Jahre und sehe dann, wie sich Dein Vermögen vermehrt hat!“ Diese Tatsache sollten auch Sie niemals vergessen!
Handeln Sie und warten Sie nicht nur auf bessere Zeiten. Kennen auch Sie es, dass Sie schon die ganze Zeit überlegen, ob Sie zum Arzt gehen sollen oder nicht? Wenn es uns nicht wirklich schlecht geht und wir keinen Druck verspüren, den Mediziner aufzusuchen, gehen wir oftmals viel zu lange nicht zum Experten. Wer permanent Entscheidungen aufschiebt, wird vermutlich auch beim Aufbau des Vermögens zu lange zögern und dabei nie aktiv in die Gänge kommen. Was ist besser? Entscheiden Sie und stehen Sie zu Ihren Entscheidungen!

Mit diesen drei Grundregeln im Schlussteil dieses Buches über ETF sollten Sie alles wissen, was rund um die Geldanlage wichtig ist.

Ein schönes Zitat von Jean Paul Getty bringt es nochmals auf den Punkt. Es lautet:
„Sparmaßnahmen muss man dann ergreifen, wenn man viel Geld verdient. Sobald man in den roten Zahlen ist, ist es zu spät!“

Sie sehen: Finden Sie persönlich den Weg in Sachen Vermögensaufbau, der zu Ihnen passt. Der ETF ist hierbei längst ein gutes Mittel, sehr kostengünstig verschiedene Märkte rund um die Sachwertanlage zu nutzen.

Wie denken Sie persönlich über diesen wichtigen Aspekt?

Fazit

Nun sind Sie am Ende dieses Ratgebers angekommen. Glückwunsch, dass Sie sich in Sachen Finanzen selbst aktiv dafür einsetzen möchten, dass Sie für den Vermögensaufbau mit Zukunft engagieren. Es ist immer sinnvoll genau zu verstehen, was man an der Börse kauft und wie sich die Werte in der Vergangenheit entwickelt haben. Deshalb sollten Sie in der leicht verständlichen Börsensprache alles verstehen, was Sie auch abschließen. Kaufen und verkaufen Sie dann, wenn Sie durchdacht aber dennoch nicht zu zögerlich handeln. Geld ist nicht alles im Leben – niemals. Finden Sie die richtige Mischung, ein gesundes und glückliches Leben zu führen, bei dem Sie genug Geld in Ihrem Depot vorfinden, das Ihnen Träume und Wünsche erfüllt.

Auch beim Thema Finanzen ist es wie in allen Bereichen im Leben: Das Glück liegt in der goldenen Mitte. Deshalb sollten Sie sich genau so mit Ihren Finanzen und rund um Ihr Vermögen beschäftigen, wie es Ihnen dabei gut geht.

Warum sind ETF`s in Deutschland leider noch immer nicht allzu bekannt? Ganz einfach: Banken und Versicherungen halten immer noch eine Lobby in unserer Wirtschaft. Sie müssen zu Zeiten der niedrigen Zinsen, die schon lange am Markt vorherrschen, sehr intensiv auf Ihre Erträge achten. Deshalb gilt auch hier: Es lebe das Depot, das Sie im Internet abschließen können!

Als gelernte Bankkauffrau und Betriebswirtin will ich in diesem Buch keinesfalls die Welt der Banken in der Filiale schlechtreden. Vielmehr geht es mir darum, dass Sie auf eine neutrale Art und Weise alle Fachbegriffe rund um ETF`s und Co verstehen. Ob mir dies wohl gelungen ist? Entscheiden Sie selbst, welche Anlageform zu Ihnen und zu Ihrer Vermögensstruktur passt. Agieren Sie clever und legen Sie Ihr Geld geschützt gegen die Risiken der Inflation an.

Ein wichtiger Faktor liegt mir nun noch am Herzen: Bitte legen

Sie dieses Buch jetzt nicht zur Seite und denken Sie sich: „Irgendwann werde ich mich dann schon darum kümmern, die richtigen ETF`s zu kaufen!“ Alles, was Sie jetzt an Wissen erworben haben, sollten Sie auch baldmöglichst für sich zum Vorteil nutzen. Setzen Sie sich also die nächsten 2 – 3 Tage an den PC, um alles Wissen rund ums Depot und um den ETF zu vertiefen. Handeln Sie im Anschluss – denn alles, was Sie nicht innerhalb der nächsten 72 Stunden umsetzen, werden Sie vermutlich nie im Alltag und Beweis stellen. Wäre dies nicht schade? Agieren Sie – und das aufgrund einer guten Überlegung und der objektiven Meinungsbildung.

Schon jetzt wünsche ich Ihnen bei allen Ihren Vorhaben und bei der Planung rund um Ihr Vermögen: Viel Spaß, Erfolg, Zeit und vor allem: clevere Gedanken, die Ihnen Freude bereiten! Wetten, dann wird Ihnen auch die Geldanlage Spaß machen und Sie genießen die Gewinne, die Sie mit den richtigen ETF`s generieren werden?

Printed in Poland
by Amazon Fulfillment
Poland Sp. z o.o., Wrocław

58044226R00068